GTB
Gütersloher Taschenbücher
1142

Wo Zweifel ist,
da ist Freiheit.

(lat. Sprichwort)

Gerd Borchers-Schreiber

Mein Leben als Zeuge Jehovas

Bericht eines Aussteigers

Mit einleitenden Sachinformationen
von Ulrike Peter

Gütersloher Verlagshaus

Originalausgabe

Die Deutsche Bibliothek – CIP-Einheitsaufnahme

Borchers-Schreiber, Gerd:
Mein Leben als Zeuge Jehovas: Bericht eines Aussteigers/
Gerd Borchers-Schreiber. Mit einl. Sachinformationen
von Ulrike Peter. -
Orig-Ausg. - Gütersloh: Gütersloher Verl.-Haus, 1999
(Gütersloher Taschenbücher; 1142)
ISBN 3-579-01142-1

ISBN 3-579-01142-1
© Gütersloher Verlagshaus, Gütersloh 1999

Umschlaggestaltung: INIT, Bielefeld
Satz: Weserdruckerei Rolf Oesselmann GmbH, Stolzenau
Druck und Bindung: Clausen & Bosse, Leck
Gedruckt auf chlorfrei gebleichtem Werkdruckpapier
Printed in Germany

Inhalt

Vorwort

Man kennt sie. Sie stehen gerne an öffentlichen Plätzen, vor U-Bahnstationen oder Bahnhöfen. Wortlos bieten sie ihre religiösen Hefte an. Dort werden sie von den Menschen meist ignoriert, manchmal belächelt. Das macht ihnen jedoch nichts aus, denn sie haben routinemäßig schon längst eine »dicke Haut« bekommen. Vielen Menschen gehen sie auf die Nerven, wenn sie Sonntag morgens, zu »nachtschlafener« Zeit, an ihren Türen klingeln. Wenn beim Streitgespräch auch noch der Sonntagsbraten anbrennt, ist auch die letzte Bewunderung für das mutige Predigervolk dahin. Am liebsten würden die Leute diese »Hausierer« die Treppe hinunterwerfen. Meist reagieren die Wohnungsinhaber jedoch nur verbal, alles andere als freundlich. Da denken diese Prediger aber sofort an den Satz des Mannes aus Nazaret: »Haben sie mich verfolgt, dann werden sie auch euch verfolgen«. Daher empfinden sie jedes Schimpfwort gegen sie wie ein Lob von höchster Stelle. Lob mögen sie sehr. Kommt das nicht von oben, dann loben sie sich gerne selbst. In einer ihrer Schriften stellen sie sich selbst das Prädikat »einzigartig« aus. So etwas hilft über viele Klippen der Anpöbelungen hinweg. Ihren Kollegen – den Brüdern und Schwestern – geht es weltweit genauso. Auf den großen Kongressen treffen sie einander. Da umarmen sich Schwarze und Weiße, Juden und Araber. Ihr »Grüß Dich!« ist immer herzlich, das Lächeln kaum erzwungen. Eine heile Welt?

Genauso glücklich wie die Zeugen Jehovas sind auch die Gläubigen in anderen kleinen Gruppen, die von Außenstehenden als »Sekten« bezeichnet werden. Keiner innerhalb dieser Gruppen hat jemals das Empfinden, in einer »Sekte« zu sein. Für Zeugen Jehovas sind nur alle anderen Gemeinschaften »Sekten«. Sie selbst haben das Gefühl, ein Teil von »Gottes Organisation« zu sein. Darauf sind sie stolz.

In ihrer Paradezeitschrift »Der Wachtturm« – gewissermaßen ihr »Amtsblatt« – werden ihre Erfolge immer penibel aufgelistet. In der Januarausgabe 1999 wird eine »Verkündigerzunahme« von weltweit 3,6 % ausgewiesen. Insgesamt ergeben sich daraus 5.544.059 Anhänger.

Ein Statistiker hat ihre Ziffern für Deutschland durchleuchtet. Demnach gab es 1998 gegenüber dem Vorjahr einen Rückschritt. Dieser ist aber winzig – gerade mal 644 Zeugen weniger – also ein Minus von 0,39 %; das wird ihnen nicht weh tun. Trotzdem gibt das zu denken, die Zunahmen der letzten Jahre sind gestoppt. Eine Trendwende? Die 166.136 »Verkündiger« in Deutschland werden in ihren Versammlungen künftig noch besser geschult und angeleitet werden, das Manko wieder wettzumachen.

Wie kommen sie bei den etablierten Kirchen in Deutschland an? Den über 27 Millionen Mitgliedern der Evangelischen Kirche und den etwa gleich vielen Katholiken sind sie ein Dorn im Auge. Besonders ihre aggressive Werbestrategie bereitet den großen Mitbewerbern Kopfzerbrechen. Die Zeugen Jehovas setzen sich offensiv für ihre Überzeugungen ein. Die Kraft für diesen Einsatz erhalten sie aus einem starken Gemeinschaftsgefühl – gleichzeitig übt diese Gemeinschaft aber auch den entsprechenden Druck aus, aktiv für die Überzeugungen der Gruppe zu werben.

»Allein bin ich nichts; gemeinsam sind wir stark!« Dieser Satz drückt haargenau das aus, was die sogenannten »Wir-Menschen« empfinden. Diese Leute kommen mit ihrem »Ich« alleine nicht zurecht. Sie brauchen zur Entfaltung ihrer Persönlichkeit das Dazugehören – zu einem Verein, einer Partei, einer Organisation – oder dergleichen. Dann sprechen sie voll Stolz von »*unserer* Gruppe«, »*unserer* Partei«, »*unserer* Bewegung«, »*unserer* Kirche«, »*unserer* Organisation«. »Gemeinsam sind wir stark, gemeinsam lösen wir alle Probleme«. Dieses Wohlgefühl sollte doch nicht wie eine Pflanze im Verborgenen blühen, davon muß einfach alle Welt erfahren. All die Einsamen, all die Verlorenen, was entgeht ihnen doch, wenn sie nicht der eigenen Bewegung angehören.

Zugehörigkeit erzeugt ein prima Gefühl. Diese Neigung beginnt schon in frühester Jugend. Schnell identifiziert sich ein

Junge mit einem bestimmten Sportverein, ein Mädchen mit irgendeinem Club. Auch viele politische Parteien hatten und haben dieses Bedürfnis der Menschen immer wieder für ihre Zwecke ausgenützt. Viele Menschen sehnen sich nach dem sprichwörtlichen »starken Mann«, der führt und diktiert. Eine breite Masse folgt mit Begeisterung. Die Führernaturen entlasten ihr Gewissen, indem sie alle Verantwortung auf die Mitläufer übertragen. Gibt es das nur in der Politik?

Nicht nur in der Gegenwart, auch in der Vergangenheit haben immer wieder religiöse Menschen verschiedenster Bekenntnisse erfolgreich versucht, das Potential der Gläubigen in ihre Institutionen hineinzulocken. Vielen »Gottsuchern« kommt das sogar entgegen. Gemeinschaft zu pflegen ist etwas Schönes. Zugehörigkeit baut viele zwischenmenschliche Beziehungen auf. Bedenklich wird es dann, wenn die Gemeinschaft eine narkotisierende Wirkung auf die Mitläufer ausübt. Gemeinschaft kann eben aus diesem Grund gefährlich werden. Wird mit ideologischer Beeinflußung das selbständige Denken der Mitläufer beeinträchtigt, dann ist dies zumeist der erste Schritt zur Abhängigkeit. Richtig gefährlich wird es aber, wenn die Entwicklung der eigenen Persönlichkeit blockiert wird.

Hier beginne ich nun, meine eigene Vergangenheit Revue passieren zu lassen, vom anfänglichen Mitmacher, der im Laufe der Zeit so etwas wie ein Mittäter wird. Zuerst wird man »verführt«, indem man eine völlig neue Sicht der Dinge bekommt, genießt dann eine sehr gute Ausbildung, und danach wird man selbst zum perfekten »Verführer«. So ergeht es vielen Gläubigen in den verschiedensten Gruppen und Sekten. Zunächst wurde ich Opfer und dann Täter, ohne mir dessen bewußt zu werden, in – oder durch – die Organisation der *Zeugen Jehovas*.

Wie der harmonische Einstieg begann, wie ich viele liebe Menschen kennenlernte, wie ich mich 17 Jahre lang ziemlich geborgen fühlte, bis mir gewissermaßen »ein Licht« aufging, soll nach einem kurzen sachlichen Informationsteil von mir nacherlebt und -erzählt werden.

Vorher noch eine Ergänzung: Mein freiwilliger Weggang von der Organisation der Zeugen Jehovas liegt nun schon einige Zeit zurück. Ein Verbleiben hätte in mir nur das Gefühl einer Mitschuld verstärkt. Durch Kontakte mit vielen ehemaligen Zeugen Jehovas – vor allem in Deutschland – hat sich inzwischen eine Selbsthilfegruppe gebildet. In dieser fand ich neue Geborgenheit und ein ehrenamtliches Betätigungsfeld.

Juni 1999

Verwendete Abkürzungen:

WTG = Wachtturm Bibel- und Traktat-Gesellschaft. Das ist die deutsche Bezeichnung des Zweiges der US-amerikanischen Watch Tower Bible & Tract Society. Gegründet 1881 durch Charles Taze Russell, mit dem Hauptbüro in Brooklyn, New York. Jetziger Präsident: Milton G. Henschel. Deutscher Zweig: Selters/Taunus.

ZJ = »Zeugen Jehovas«: Diese Benennung wurde den Anhängern der Internationalen Bibelforscher-Vereinigung 1931 erstmals von der WTG vorgeschlagen. Auf dem Kongreß in Columbus (Ohio, USA) durch eine Resolution der Anwesenden offiziell angenommen. Zur Begründung wird auf Jes 43,12 verwiesen.

WT = »Der Wachtturm«, neben der Schwesternzeitschrift »Erwachet!« und dem internen Instruktionsblatt »Unser Königreichsdienst« das offizielle Organ der ZJ. Der WT erschien erstmals 1879, heute erscheint er 14tägig in 130 Sprachen. Durchschnittliche Auflage einer Ausgabe (1999): 22 328 000.

Sachinformationen zu den Zeugen Jehovas

Entstehung und Geschichte

Vorläufer Adventismus

Gerade in Krisen- und Umbruchzeiten innerhalb der Geschichte manifestierte sich häufig der Gedanke, daß das Ende der Welt bevorstünde. So entstand auch Mitte des 19. Jahrhunderts eine Erweckungsbewegung in den Vereinigten Staaten von Amerika. Der frühere Baptistenprediger William Miller (1782-1849) begründete die Bewegung der Adventisten und kündigte die nahe bevorstehende Wiederkunft Christi und damit das Ende der Welt an. Typisch für diese Bewegung waren die Berechnungen anhand der Zahlenangaben in der Bibel, wann dieses Weltende eintreffen würde. So wurde zunächst der 21. März 1844 errechnet, später das Jahr 1874. Das Verstreichen der entsprechenden Termine ohne Weltuntergang führte jeweils zu Krisen innerhalb der Bewegung. So kam es immer wieder zu Abspaltungen. Heutzutage hat nur noch die »Gemeinschaft der Siebenten-Tags-Adventisten« eine nennenswerte Bedeutung. Die Überzeugung vom nahen Weltende und seiner terminlichen Berechnung ist zentral auch bei der Wachtturmgesellschaft, die sich aus der geistesgeschichtlichen Strömung des Adventismus heraus entwickelt hat.

Gründung der WTG
durch Charles Taze Russell

Charles Taze Russell wurde am 16. Februar 1852 im Bundesstaat Pennsylvania geboren. Schon früh kam der Textilkaufmann mit adventistischen Gruppen in Berührung. Angeregt von Nelson H. Barbour, einem Leiter der »Second Adventists«, erklärte sich Russell das ausbleibende Weltende damit, daß Jesus nur unsichtbar wiedergekommen sei. So wie die Adventisten ging auch Russell davon aus, daß man den Zeitpunkt des Endes der Welt aus den Zahlenangaben in der Bibel berechnen könnte. Zur Verbreitung dieser Erkenntnisse gründete er 1879 die Zeitschrift »Zions Watchtower« und 1881 in Pittsburgh die »Wachtturm Bibel- und Traktat Gesellschaft«(WTG). Im Jahr 1879 erschien die Zeitschrift mit einer Auflage von 6.000 Exemplaren, bereits 1904 waren es 25.000, 1949 dann schon 500.000, und im Jahr 1999 erscheint der »Wachtturm« mit einer Massenauflage von 22.328.000 Exemplaren. So ging es auch der gegründeten Gesellschaft zunächst vor allem darum, die Bücher, Schriften und Traktate herzustellen und zu verbreiten. Die Schriften wurden an die örtlichen Leserkreise verteilt, an die sogenannten »Bibelforscher«-Gemeinden, die zunächst unabhängig voneinander waren. Auf einer seiner Europareisen besuchte Russell auch Deutschland und gründete 1903 in Wuppertal-Elberfeld ein deutsches Zweigbüro der WTG, das 1923 nach Magdeburg verlegt wurde. Mit seiner amerikanischen Zentrale der Gesellschaft zog Russell 1909 von Pittsburgh nach Brooklyn/N.Y., um sich zu vergrößern. Auch heute noch ist dort der Hauptsitz der WTG. Die zentrale Aussage des Schriftenmissionswerks Russells war die Vorhersage des Weltendes und der Wiederkunft Christi nunmehr für das Jahr 1914. Im Jahr 1874 sei Christus unsichtbar wiedergekommen, darauf folge nun eine 40jährige Ernte-und Gerichtszeit, und 1914 werde das »Königreich Gottes« auf der Erde errichtet. Als statt dieses Königreiches der Erste Weltkrieg begann, war das ein schwerer Schlag für die Bewegung. 1916 starb Präsident Russell, und es kam zu Spannungen und Nachfolgekämpfen bei den »Bibelforschern«.

Präsidentschaftszeit Joseph Franklin Rutherfords

Joseph Franklin Rutherford wurde am 8. November 1869 in Missouri geboren und war lange Zeit als Rechtsberater bei der WTG tätig. Er setzte sich 1917 als neuer Präsident der Gesellschaft durch. Unter seiner Führung wurde die bisher locker zusammengefügte Bewegung zu einer straff organisierten Hierarchie und Herrschaft ausgebaut. Die Wachtturmgesellschaft wurde immer mehr zu einer Geschäftsfirma und baute ihre Stellung als alleinige Vermittlerin zwischen Gott und der Menschheit aus. Als neues Datum für das Weltende wurde mit vehementer Überzeugung nun das Jahr 1925 verkündet, später das Jahr 1975. Rutherford war es auch, der den »Bibelforschern« 1931 auf einem Großkongreß in Columbus/Ohio den neuen Namen »Zeugen Jehovas« gab. Mit der Verwendung des Gottesnamens hebt sich die Sekte noch heute von allen anderen religiösen Gruppen ab. Die Bezeichnung »Jehova« beruht jedoch auf einem Irrtum bei der Lektüre der Bibel. Im Alten Testament stehen im Hebräischen die Konsonanten JHVH für Gott. Die fehlenden Vokale wurden dann bei der Lektüre oder beim Vortrag in der Synagoge von den Juden ergänzt. Als das Hebräische nicht mehr die gesprochene Alltagssprache war, wurden die Ausspracheregeln mit Hilfe eines Punktsystems festgelegt. Man schrieb unter die Konsonanten JHVH allerdings die Vokale für das Wort Adonai (= der Herr), da es aus Gründen der Ehrerbietung nicht üblich war, den Namen Gottes auszusprechen. So las man zwar JHVH, sprach aber ADONAI aus. Durch die Vermischung dieser beiden Worte entstand der Name »Jehova«. Nicht nur Rutherford unterlag diesem Irrtum, denn im Laufe der Geschichte tauchte der Name Jehova auch auf einigen Bauten als Inschrift auf. Heute herrscht allerdings Einigkeit darüber, daß der wirkliche Name Gottes Jahwe lautet.

Ab Oktober 1932 begann die Umstrukturierung der WTG in eine geistig-geistliche Diktatur, indem die einzelnen Versammlungen von Bibelforschern immer stärker auf die Zentrale in Brooklyn ausgerichtet wurden. Die Führung nannte sich »Leitende Körperschaft« und verstand sich als Kanal, der den Willen Jehovas an die einzelnen Zeugen weiterleitete. 1938 mußten alle Versammlungen eine Resolution unterschreiben, daß sie die Anordnungen und Lehren der Zentrale ohne Diskussion hinnehmen würden. So machte Rutherford aus dem Schriftenmissionswerk Russells eine disziplinierte, hierarchische »Theokratische Organisation«. Auf Rutherford gehen auch die typischen »Haus-zu-Haus-Besuche« der Zeugen Jehovas zurück sowie die Einführung der großen Kongresse, die statistischen Arbeitsberichte (mit denen der Einsatz für Jehova gemessen und kontrolliert wird) und das System der örtlichen Versammlungsräume, der sogenannten »Königreichssäle«. Am 8. Januar 1942 starb Rutherford in San Diego/Kalifornien.

Präsidentschaftszeit Nathan Homer Knorrs

Rutherfords Nachfolger im Präsidentenamt wurde Nathan Homer Knorr, der am 23. April 1905 in Bethlehem/ Pennsylvania geboren worden war und sich bereits mit 17 Jahren den Bibelforschern angeschlossen hatte. Innerhalb der WTG hatte er unter anderem das gesamte Druckwesen kontrolliert und war Vizepräsident. Ab 1942 leitete er die Organisation und führte als erstes die »Theokratische Predigtschule« ein, die weltweit in jeder Versammlung der Zeugen Jehovas einmal wöchentlich durchgeführt wird. Es handelt sich dabei um eine Schulung, die die Gesprächstechniken und Lehren des »Wachtturms« vermittelt und einübt und das Verhalten und Auftreten an den Haustüren trainiert. Ab 1958 gab es zusätzlich die sogenannten »Königreichsdienstschulen«, auf denen die Funktionäre ausgebildet wurden. Insgesamt leitete Knorr die Gesellschaft nach den Prinzipien moderner Wirtschaftsunternehmen. Es ging ihm um die Steigerung der Umsatzzahlen und die Erschließung neuer Märkte. Daher führte er auch die oben genannten Schulungsmaßnahmen ein, um die Werbung neuer Zeugen zu perfektionieren und damit letztlich die Zahl der Schriftenbezieher zu erhöhen. Die von Knorr geförderten und eingeführten Werbeaktivitäten zeigten Erfolg, und während seiner Präsidentschaftszeit breitete sich die WTG über die ganze Welt aus. Bereits 1964 existierte die erste Million »Verkündiger«, davon 81.000 in der damaligen Bundesrepublik. Am 8. Juni 1977 starb Knorr.

Leitung der Zeugen Jehovas bis heute

Nach Knorr übernahm Frederick Franz 1977 die Leitung der WTG. Wie bei seinen Vorgängern beendete erst sein Tod seine Amtszeit, und zwar am 22. Dezember 1992. Neuer Weltpräsident ist seitdem Milton Henschel.

Abschließend eine Übersicht der Amtszeiten der Präsidenten

1881 – 1916	Charles Taze Russell
1917 – 1942	Joseph Franklin Rutherford
1942 – 1977	Nathan Homer Knorr
1977 – 1992	Frederick Franz
ab 1992	Milton Henschel

Organisation

In der Selbstdarstellung der Zeugen Jehovas steht über allen Jehova Gott und gleich darunter Jesus Christus. Nach Matthäus 24, 45-47 hat Jesus den sogenannten »treuen und verständigen Sklaven« über seine Habe gesetzt. Als diesen Sklaven sieht sich die »Leitende Körperschaft«, das heißt das Führungsgremium der Zentrale der WTG in Brooklyn. Diese Leitende Körperschaft besteht aus zwölf Personen und bildet den Vorstand der Aktiengesellschaft »The Watch Tower Bible and Tract Society of Pennsylvania«. An deren Spitze steht der jeweilige Präsident, zur Zeit Milton Henschel. Ausgehend von dieser Leitung ist die Organisation der Zeugen Jehovas hierarchisch weiter nach unten aufgefächert. Die Basis bilden die örtlichen Vereinigunen der Zeugen Jehovas, die sogenannten Versammlungen, die in Deutschland meist als eingetragene Vereine organisiert sind. Jeweils zehn bis fünfzehn Versammlungen bilden einen Kreis, zehn bis zwölf Kreise wiederum einen Bezirk. Alle Versammlungen in Deutschland bilden zusammen den »Deutschen Zweig« der WTG. Die Leitung dieses Zweiges liegt in Selters/Westerwald. Auf den einzelnen Ebenen üben jeweils Versammlungs-, Kreis-, Bezirks- und Zweigaufseher die Leitung aus.

Zusätzlich sind der »Leitenden Körperschaft« in Brooklyn seit 1976 sechs Dienstkomitees unterstellt, die verschiedene Aufgabengebiete übernehmen: das Dienstkomitee, das Schreibkomitee, das Verlagskomitee, das Lehrkomitee, das Personalkomitee und das Komitee des Vorsitzenden. Zum Wirtschaftsunternehmen der WTG gehören auch die Hauptdruckerei in Brooklyn und die »Watch Tower Bible School of Gilead«, die seit 1943 hauptamtliche Missionare ausbildet. Ein deutscher Ableger dieser Schule begann 1992 in Selters mit der Ausbildung von Missionaren für die Länder Osteuropas. In den Druck- und Verwaltungszentren der WTG arbeiteten im April 1996 insgesamt fast 16.400 Männer und Frauen. Sie verwalten die Aktivitäten in den einzelnen Versammlungen, produzieren Videos und Kassetten und stellen Zeitschriften und Bücher in Millionenauflagen her. Diese Druck-und Verwaltungszentren werden »Bethel« genannt. Die Mitarbeit in einem Bethel ist ehrenamtlich, d.h. es gibt nur Kost und Logis. Es gibt für die Mitarbeiter keine Arbeitslosen-und Rentenversicherung und nur 12 Tage Urlaub im Jahr. Die Arbeit gilt als ehrenvoller Einsatz für Jehova. Die meisten Mitarbeiter sind ledig, Heiraten ist möglich, Paare mit Kindern jedoch müssen das Bethel verlassen. Im Bethel in Selters werden die Druckerzeugnisse für Deutschland hergestellt sowie tonnenweise Schriften für die östlichen Staaten.

Grundzüge der Lehre

Selbstverständnis

Jehovas Zeugen sind überzeugt von ihrer Einzigartigkeit und davon, daß sie die Wahrheit besitzen. So heißt es im Wachtturm vom 15.1.1992, S. 24:

> JEHOVAS ZEUGEN sind in vielerlei Hinsicht einzigartig. Nur sie sprechen die »reine Sprache« (Zef 3,9). Nur sie bilden eine Einheit und weisen das Unterscheidungsmerkmal auf, das Jesus Christus beschrieb: die Liebe (Joh 13,35). Und nur sie genießen die Freiheit, die gemäß den in Johannes 8,32 aufgezeichneten Worten Jesu Christi die Wahrheit mit sich bringt.

Die Zeugen Jehovas sehen sich in einer aus der Zeit der Bibel bis in die Gegenwart reichenden Reihe von »treuen Zeugen«, die so wie auch Jesus von Gott/Jehova zeugen. Die WTG ist dann die weltweite christliche Gemeinschaft, die über Jehova Gott Zeugnis gibt und über seine Pläne mit den Menschen. Nur sie ist im Besitz der richtigen Wahrheit und Erkenntnis.

Bibel

Die Bibel gilt den Zeugen Jehovas als von Gott inspiriert; sie ist das Wort Gottes und kann daher keine Widersprüche enthalten. Sie enthält die Anweisungen für die Menschen, was sie tun müssen, um am Weltende gerettet zu werden. Zudem sind die Zeugen Jehovas davon überzeugt, daß man aus den Zahlen und Chronologien der Bibel den Plan Gottes erkennen und berechnen kann, vor allem den Punkt des Weltendes. Dabei gibt es nur eine verbindliche Auslegung der Bibel, und zwar diejenige der »Leitenden Körperschaft«. So hat bereits Russell seine Bibelkommentare, die »Schriftstudien«, höher bewertet als die Bibel selbst:

Wenn man die sechs Bände der »Schriftstudien«, praktisch die Bibel, thematisch geordnet mit den Zitaten der biblischen Beweistexte vergleicht, dann ist es nicht unangebracht, diese Bände »die Bibel in thematischer Ordnung« zu nennen. Das heißt, es handelt sich nicht einfach um Bibelkommentare, sondern sie sind praktisch die Bibel selbst. Da nicht die Absicht besteht, irgendwelche Lehren oder Gedanken auf jemandes persönlicher Weisheit oder bevorzugten Ansicht aufzubauen, ist alles durch die Zeilen des Wortes Gottes zu belegen. Wir glauben daher, daß es sicherer ist, dieser Art des Lesens, der Unterweisung und des Bibelstudiums zu folgen. Außerdem beobachten wir nicht nur, daß es nicht möglich ist, durch selbständiges Bibelstudium den göttlichen Plan zu erkennen, sondern wir bemerken auch, daß jemand, der die »Schriftstudien« weglegt – selbst wenn er sie 10 Jahre lang gelesen hat, aber sie dann weglegt – und sie nicht mehr berücksichtigt und sich allein der Bibel zuwendet, sich innerhalb von zwei Jahren in der Finsternis befindet. Hätte er auf der anderen Seite lediglich die »Schriftstudien« mit ihren Hinweisen gelesen, aber als solches keine einzige Seite der Bibel, würde er sich nach zwei Jahren im Licht befinden, denn er hatte das Licht der Schriften.

Abgesehen davon verwenden die Zeugen Jehovas eine eigene Bibelübersetzung: die sogenannte »Neue-Welt-Übersetzung« (NWÜ). Diese Übersetzung entstand in den sechziger Jahren von einem anonymen Übersetzerkomitee zunächst ins Englische. Die deutsche Fassung ist eine Übersetzung aus der englischen NWÜ. Diese Bibelübersetzung ist den Lehren der WTG angepaßt, das heißt es werden Worte oder Satzzeichen eingefügt, die neue Zusammenhänge entstehen lassen. Ein Beispiel ist die Übersetzung des Satzes, den Jesus am Kreuz zu dem neben ihm hängenden Verbrecher sagt. Jesus sagt, heute sollst du mit mir im Paradies sein. Diese Aussage widerspricht jedoch der Lehre der WTG, nach der das Paradies erst in der Zukunft zu einem genau berechneten Zeitpunkt beginnt. Daher heißt es in der NWÜ-Übersetzung: Jesus sagt heute, du sollst mit mir im Paradies sein. Durch diese Verschiebung eines Kommas sagt Jesus also nicht mehr, daß der Verbrecher *heute* im Paradies sei, sondern er sagt heute, daß er im Paradies (*irgendwann*) sein wird.

Jehova ist Gott. Der Heilige Geist ist Jehovas unpersönliche Kraft, die er zur Vollbringung seines Willens einsetzt. Jesus ist Jehovas Sohn und damit die zweitgrößte Persönlichkeit im Universum. Jehova hat Jesus auf die Erde geschickt, damit er sein Leben als Lösegeld für die Glaubenden gibt. Jesus starb am Pfahl (nicht am Kreuz) und wurde dafür von Jehova mit einem unsterblichen geistigen Leib und der Königsherrschaft im Himmel belohnt. Seit 1914 übt Christus diese Herrschaft bereits aus und wird in naher Zukunft alles Böse vernichten. Jesus steht jedoch nicht mit Gott auf einer Stufe, sondern ist dessen Geschöpf und darf daher auch nicht angebetet werden. Die Zeugen Jehovas lehnen somit die Lehre von der Trinität ab.

Endzeitberechnungen und Paradiesvorstellungen

Die Hauptlehre der Zeugen Jehovas ist, daß ein großer Krieg – »die Schlacht von Harmagedon« – das Ende der Welt einleiten wird. In diesem Krieg werden alle Ungläubigen vernichtet. In einer apokalyptischen Endschlacht zwischen Gott und den gottfeindlichen Mächten (laut ZJ: Regierungen, andere Religionen als die der WTG, Wirtschaftsorganisationen etc.) wird die Erde von allem Bösen gereinigt werden, so daß ein paradiesischer Lebensraum für die Zeugen Jehovas entsteht. Danach folgt ein Tausendjähriges Friedensreich (Millennium), in der sich die Menschen noch bewähren können, die zuvor keine Chance hatten, sich zu Jehova zu bekennen. Erst danach beginnt das Paradies auf Erden, das ewig bestehen wird. Die Zeugen Jehovas stellen sich vor, daß eine kleine Gruppe von 144.000 – nämlich die »Gesalbten« – für den Himmel, die große Mehrheit aber für die Erde bestimmt ist. Die WTG leitet aus Offenbarung 7 ab, daß nach Harmagedon 144.000 mit Christus als Könige und Priester im Himmel herrschen werden, während die »große Volksmenge« auf der paradiesischen Erde bleiben wird.

Mit Hilfe der Zahlenangaben in der Bibel berechnen die Zeugen Jehovas immer wieder den Zeitpunkt für Harmagedon. So wurde das Weltende für 1914, für 1925 und für 1975 vorhergesagt. Das Nicht-Eintreffen wird zum Beispiel damit erklärt, daß Christus nur unsichtbar wiedergekommen sei oder daß sich die Weltendevorhersage nicht auf 1914 beziehe, sondern innerhalb der Generation geschehen werde, die 1914 schon gelebt habe. Seit 1995 wird nur noch die sehr allgemeine Formulierung verwendet, daß die neue Welt »binnen kurzem« das gegenwärtige System ablösen werde.

Ethik / Besondere Vorschriften

Da die Zeugen Jehovas die Bibel wörtlich nehmen und als Lebensregel einsetzen, beachten sie auch das im Alten Testament an Noah erteilte Verbot, Blut zu genießen. So lehnen sie Lebensmittel ab, die Blut enthalten, z.B. Blutwurst, aber auch Bluttransfusionen oder Herztransplantationen. Nach der biblischen Anweisung »Gebt dem Kaiser, was des Kaisers ist, und Gott, was Gottes ist« (Mt 22,21) zahlen ZJ Steuern, erfüllen die Schulpflicht etc. Allerdings lehnen sie Symbole des Staates (Hymne, Flagge) ab, verweigern Wehr- und Zivildienst, beteiligen sich nicht an Wahlen. Ebenso lehnen sich kirchliche Feste wie Weihnachten, Ostern, Kindertaufe u.a. als nicht-biblisch ab und feiern auch keine Geburtstage, da dies heidnischen Ursprungs sei. Der Alltag eines ZJ ist durch den Dienst für die WTG bestimmt. Es wird genau festgehalten, wie viele Stunden und Dienste man für Jehova leistet. Als Verkündiger muß man am Wachtturmstudium teilnehmen (Einübung der Sektenlehre) und die »Theokratische Predigtdienstschule« besuchen (Training der Gesprächs- und Missionstechniken.) Zusätzlich muß regelmäßig die WTG-Literatur studiert werden. Im sogenannten »Felddienst« werden die Schriften der WTG an den Haustüren und auf der Straße verteilt, seit 1991 kostenlos. Wer den Normen nicht entspricht, kritische Ansichten äußert oder ethische Vorschriften nicht erfüllt, wird zunächst ermahnt und schließlich mit Gemein-schaftsentzug bestraft. Zu Abtrünnigen wird der Kontakt ab-gebrochen.

Mein Leben als Zeuge Jehovas

Einstieg »in die Wahrheit«

Erste Kontakte

Jemand sagte einmal: die gefährlichste Lüge sei die halbe Wahrheit. Wie wahr! Das lernte ich erst später begreifen.

Der Anfang folgender »Lektionen« war eigentlich recht harmonisch. Ich war in einem grafischen Unternehmen tätig, dort lernte ich »die Wahrheit« durch einen Kollegen kennen. Zuerst wurde der gute Hans – so hieß er – als Spinner belächelt, wenn er versuchte, uns rüdem Haufen die »Botschaft« zu erzählen. Mit 19 Jahren war ich auch einer der Spötter, aber Hans war bereits geschult und vor allem geduldig. Er ließ nicht locker und blieb immer freundlich und war niemals verärgert. Das imponierte mir und einigen Kollegen sehr. So beeindruckte mich, wie Hans an seinen freien Tagen mutig an den Türen fremder Leute klopfte, um ihnen von einem Königreich, das bald kommen sollte, und von einem Paradies auf Erden zu erzählen. Im Laufe der Zeit ärgerte ich mich über Kollegen, die diesen herrlichen Zukunftsaussichten nur mit Spott und Hohn begegneten.

Diese Eindrücke waren sogar ausschlaggebend, daß ich noch schneller ein ZJ wurde. Mir gingen viele Bibelstellen durch den Kopf, die mir Hans erzählte. Davon imponierte mir besonders die Vorhersage Jesu über die Zerstörung Jerusalems. Die Erfüllung erfolgte 40 Jahre nach der Vorhersage durch römische Heerscharen. Die Bibel erschien mir als interessantes Buch, das ich besser kennenlernen wollte.

Nun begann der für »Einsteiger« übliche Lauf der Dinge. Zunächst der Besuch einer Zusammenkunft in dem Wiener Bezirk, wo Hans lebte.

Meiner Pflegemutter gefiel diese Entwicklung gar nicht. Daher warnte sie mich und meinte, ich solle mich doch nicht von einer Sekte umgarnen lassen. Da bezog ich zum ersten Mal Stellung. Also, die ZJ sind eine christliche Gruppe und haben mit einer Sekte überhaupt nichts zu tun! Das hatte ich schon gelernt: Sekte bedeutet »Ausschnitt eines Ganzen«, das wird durch das Wort »Sektor« erkennbar. Da sich die Zeugen jedoch nicht von irgendeiner Kirche abspalteten, sind sie auch kein Sektor von diesen, ergo keine Sekte! So argumentierte ich zornig.

Ein bißchen verschüchtert ging ich zum ersten Mal mit Hans in seine Heimatversammlung, in den »Königreichssaal«. Ich harrte der Dinge, die da auf mich zukommen würden. Hans stellte mich jungen ZJ vor, und diese waren ausnehmend nett zu mir. Den Vortrag hielt ein »Kreisaufseher«, ein gebürtiger Däne. Der sprach recht gut deutsch, und er nahm die christlichen Kirchen besonders kritisch aufs Korn. Etwa mit dem Ausspruch Jesu, man soll sich von keinem Blinden führen lassen, denn dann fallen beide in eine Grube. Die Kirchenleute sind doch lauter Blinde, »laßt euch doch nicht von diesen führen und verführen!« rief Bruder Pedersen in den Saal. Bei mir zuhause war man auf »die Kirchen« auch nie gut zu sprechen, daher gefielen mir solche Ansichten.

Lächeln mußten die Anwesenden, als er folgende Bibelstelle zitierte: »Du Fauler, nimm dir ein Beispiel an der fleißigen Ameise«. Der deutschen Grammatik folgend, ist von »der« Ameise die Rede, der gute Mann hat dann immer nur von »der Ameise« gesprochen: »...der Ameise zeigt uns, wie wir fleißig die Botschaft vom Königreich predigen müssen«. Die Lockerheit, mit der solche Versprecher hingenommen wurden, machte die Zusammenkünfte recht gemütlich, was mir jungem Menschen gefiel. Bei vielen Ansprachen wurde herzlich gelacht. Das erinnert mich an einen älteren Bruder, der die Vorzüge der »neuen Welt« gegenüber der alten Welt folgendermaßen verglich: »Die alte Welt ist wie ein Trauerhaus, die neue Welt wird dagegen wie ein Freudenhaus sein«. Diese Parabel ging buchstäblich in die Hose, das Gelächter der Zuhörer war bis zur Straße zu hören.

Später wurde ich selbst Opfer eines Versprechers. Wir blödelten oft und vertauschten in Wörtern die Buchstaben. So habe ich sogar den Ausspruch Jesu »...sammelt euch Schätze im Himmel, wo diese nicht durch Motte und Rost verzehrt werden«, so verkehrt, daß die Wörter »Rotte« und »Most« hießen. Peinlich war nur, daß mir das bei einem öffentlichen Vortrag genau so herausrutschte. Dazu kam, daß mir nach dem ersten Schreck nicht einfiel, wie das korrekt heißt. Ein Zuhörer half mir durch Zuruf. Plötzlich waren alle munter und hatten heitere Gesichter. Vorträge am frühen Nachmittag ergehen häufig an friedlich Schlafende.

Noch so ein Versprecher: Anstelle von »Gnade« übersetzt die »Neue-Welt-Übersetzung« der ZJ dieses an sich verständliche Wort mit »unverdienter Güte«. Im Scherz veränderte ich dies auf »unverdünnte Giete«. Als mir dies bei einem Vortrag so über die Lippen kam, gab ich diesen zweifelhaften Humor auf.

Doch bevor ich über die Zeit als Vortragsredner berichte, komme ich zurück zu meinem Einstieg »in die Wahrheit«.

Lauter aufrichtige Menschen

Inzwischen war mir der Besuch in einem anderen Bezirk zu beschwerlich, daher beschloß ich, den Königreichssaal in meinem Heimatbezirk aufzusuchen. Dieser befand sich in einem Keller. Bevor ich in Tiefe hinabstieg, vergewisserte ich mich noch beim Haustor, ob nicht zufällig irgendein Bekannter mich dort beobachtet. Das wäre mir, auch bei wachsender Sympathie zu den Zeugen, immer noch peinlich gewesen. Diese ängstliche Einstellung legte sich aber nach einiger Zeit.

An diesem Sonntag waren zum öffentlichen Vortrag schon viele Zuhörer anwesend. Mir blieb nicht verborgen, daß die älteren Leute, vornehmlich Frauen, ihre Blicke verstohlen auf mich richteten. Der Bann war jedoch bald gebrochen, als Richard zu mir kam. Dieser getaufte Zeuge Jehovas war ungefähr in meinem Alter. Nachdem er sich vorgestellt hatte, fanden wir auch schnell zu einem Thema, das uns beide interessierte. Richard war nicht zufällig zu mir gekommen. Wie ich später entdeckte, wird alles von wachsamen »reifen« Brüdern gesteuert. Wie auch immer, mit Richard verstand ich mich prächtig, und die Freundschaft, die uns auch später verband, war auf meinem Weg in dieser Gemeinschaft äußerst wichtig. Nicht nur für mich, auch für Richard.

Das Heimbibelstudium

Mein Kollege Hans hatte schon entsprechend interveniert, und so wurde ich »Interessierter« der Schwester Maria zugeteilt. Sie sollte mit mir ein »Heimbibelstudium« durchführen. Sie war einige Jahre älter als ich, verheiratet und hatte eine hübsche Tochter. Regelmäßig wurde ich nun mit der Bibel vertraut gemacht. Im Vordergrund des »Studiums« stand aber nicht die Bibel allein, wie ich erwartete, sondern ein Buch der WTG. In einem eher primitiven Verfahren gibt es für die einzelnen Absätze Fragen in den Fußzeilen, die Antworten kann sich der »Schüler« markieren. Diese werden aus dem jeweiligen Absatz herausgelesen. Mit dieser simplen Methode lernte ich nebenbei auch noch Teile der Bibel kennen. Erst Jahre später wurde mir klar, daß ich den Bibelinhalt wohl auch aufnahm, jedoch genau in der vorgegebenen Auslegung der WTG. Es ist eine unrichtige Ausdrucksweise der ZJ, diesen Anfang mit den Vortragsbesuchen und dem Heimbibelstudium als »in die Wahrheit kommen« zu bezeichnen. Ein Christ sollte eigentlich immer über die »ganze Wahrheit« informiert werden. Nicht nur die Stärken der Gruppe sollten offengelegt werden, sondern auch die Schwächen. Ich kann heute meiner »Lehrerin«, Schwester Maria, keinen Vorwurf machen, denn sie kannte auch nicht die ganze Wahrheit. Die Irrtümer und Falschprophezeiungen der WTG blieben immer ein sorgsam gehütetes Geheimnis. Die Literatur Russells und seines Nachfolgers Rutherford verschwanden weltweit immer mehr aus den Versammlungsbibliotheken. Bald erfuhr ich auch, daß die früheren überholten Ansichten als »altes Licht« bezeichnet wurden, manchmal als »alte Wahrheit«.

Wird Licht »neuer« oder Wahrheit »wahrer«? Doch solche Fragen stellte ich mir nicht.

Ganz langsam wechselte ich meinen Freundeskreis. Mit Hans hatte ich einen guten Gesprächspartner in der Firma. In der Freizeit pflegte ich enger werdende Kontakte zu Richard. Beim »Studium« mit Maria und dem WTG-Buch machte ich gute Fortschritte. Sie hatte aus den Büchern der »Gesellschaft« – wie die WTG intern genannt wird – gut gelernt. Sie sparte nicht mit Lob über meine große »Erkenntnis«, das ist ein Schlüsselwort bei den ZJ. Überhaupt sind bestimmte Wörter quasi Fachtermini für die Anhänger. Man lernt eine neue, von der Gemeinschaft geprägte Sprache - die »reine Sprache«. Bei ähnlich gearteten Gemeinschaften ist das nicht anders.

Auf in den »Felddienst«

Nachdem ich schon so viel Erkenntnis erworben hatte, meinte Maria, ich wäre eigentlich reif genug für den Felddienst. Zuerst dachte ich, das mag wohl irgendeine Hilfeleistung bei einem Landwirt sein, der auch Zeuge ist. Mein Irrtum wurde freundlich korrigiert, nein, das ist keine Feldarbeit auf dem Land, sondern der Predigtdienst. Das Wort »Felddienst« ist den Gleichnisreden Jesu entliehen, wenn von gottsuchenden Menschen gesprochen wird: »die Felder sind schon reif zur Ernte«.

Nun war ich reif genug, um Ernte, in Form von Menschen, einzubringen. Mein erster Einsatz erfolgte im Landgebiet südlich von Wien. Ich wurde einem älteren Bruder zugeteilt, der mich im »wichtigsten Werk dieses Jahrhunderts«, dem weltweiten Predigtwerk, einschulte. Die Taktik war genau vorgegeben. Gute Kleidung, höflich, beharrlich bleiben und den Leuten möglichst auf die Nasenwurzel blicken. Wenn diese an den Wohnungstüren fragen, von welcher Gemeinschaft man kommt, dann erfolgt meist eine schlaue Hinhaltetaktik: »Wir kommen von einer christlichen Gemeinschaft«, das genügt. Meine Frage, warum wir nicht gleich »Zeugen Jehovas« sagen, beantwortet mein »Ausbildner« ganz trocken: »Dann schmeißen uns die Leute gleich ihre Haustüre auf die Nase«. Aha, jetzt habe ich wieder dazugelernt.

Die systematische Schulung der ZJ ist effektiv. Schon beim ersten Besuch an der Wohnungstüre muß die Grundlage für den Erfolg gelegt werden. Das wird in den Zusammenkünften gelehrt und trainiert. Wie dies zu geschehen hat, wird immer wieder in dem monatlich erscheinenden internen Mitteilungsblatt, »Unser Königreichsdienst«, gezeigt - ein gutes Beispiel ist in der Ausgabe November 1992, S. 4:

Wirkungsvolle Rückbesuche sind leichter durchzuführen, wenn wir beim ersten Besuch die richtige Grundlage legen. Das *Unterredungs*-Buch kann uns dabei helfen.

Sage nach einer freundlichen Begrüßung:
»Wir stellen fest, daß heute immer mehr Menschen unsicher sind, wo sie praktische Antworten finden können, um die zunehmenden Probleme des Lebens zu lösen. Haben Sie das auch schon festgestellt? [Räume Gelegenheit zum Antworten ein.] Früher suchten die Menschen in der Bibel Hilfe. Doch heutzutage melden viele ihre Zweifel an. Wie denken Sie über die Bibel?« Wenn sich der Wohnungsinhaber skeptisch über deren Glaubwürdigkeit äußert, nimm das Traktat *Warum man der Bibel vertrauen kann* heraus und lies den zweiten und dritten Absatz auf Seite 2 vor. Glaubt der Wohnungsinhaber dagegen, daß die Bibel Gottes Wort ist, schlage die im zweiten Absatz auf Seite 2 des Traktats angeführten Bibeltexte auf, lies sie vor, und besprich sie kurz mit ihm.

Sollten in deinem Gebiet viele keinen Glauben bekunden, dann versuche die siebte Einleitung auf Seite 10 des *Unterredungs*-Buchs entsprechend anzupassen, um ihr Interesse zu wecken.

Du könntest sagen:
»Angesichts der vielen Konflikte, die es gegenwärtig in der Welt gibt, fällt es vielen aufrichtigen Menschen schwer, an Gott zu glauben. Und manche, die an ihn glauben, sind dennoch nicht davon überzeugt, daß er unsere Probleme lösen kann. Wie denken Sie darüber? [Räume Gelegenheit zum Antworten ein.] Beachten Sie, was in diesem Traktat über die Menschen, die Wissenschaft und

die Bibel gesagt wird.« Lies dann vom fünften Absatz an auf Seite 3 des Traktats *Warum man der Bibel vertrauen kann.*

Stelle Fragen aus dem Traktat, um deinen nächsten Besuch vorzubereiten: Plane dahingehend, daß dein erster Besuch nur der Anfang einer Reihe fruchtbarer Besuche ist. Denke nicht, daß du viele Einzelheiten behandeln müßtest; beende deinen Besuch aber auch nicht so abrupt, daß der Wohnungsinhaber glaubt, du seist nicht wirklich an ihm interessiert. Nachdem zwei oder drei Absätze aus dem Traktat gelesen wurden, stelle eine Frage, die beim nächsten Besuch beantwortet werden kann.

Du könntest zum Beispiel die Aufmerksamkeit auf den dritten Absatz auf Seite 4 lenken und fragen: »Glauben Sie, daß die Bibel genügend Beweise liefert, um dem Vertrauen zu schenken, was sie über die Zukunft sagt?« Auf diesen Punkt kannst du dich beim Rückbesuch beziehen, und in dem Buch *Die Bibel – Gottes oder Menschenwort?* die Kapitel 9 und 10 betrachten.

Wenn der Wohnungsinhaber aufrichtig interessiert ist und die dargelegten Gedanken allem Anschein nach wirklich schätzt, könntest du schon beim ersten Besuch das *Gottes-Wort*-Buch anbieten, und sofern es die Situation rechtfertigt, auch die *Neue-Welt-Übersetzung.* Wenn jemand nach den Kosten fragt, dann erkläre kurz, daß unsere Veröffentlichungen Teil eines weltweiten biblischen Schulungsprogramms sind, das durch Spenden unterstützt wird.

Wenn wir jeden Wohnungsinhaber als möglichen Jünger betrachten, werden wir uns bemühen, in unseren abschließenden Bemerkungen die Grundlage für einen Rückbesuch zu legen.

Eine moderne Rattenfängermethode? Jedenfalls eine effektive. Bücher und Bibel aus dem »firmeneigenen« Verlag werden geschickt angepriesen und weltweit in Millionenauflage vertrieben. Durch professionelle Schulung erwirbt der kostenlos arbeitende »Verkündiger« die nötigen Kenntnisse modernen Hausierens. Selbstbewußtsein zu erlangen wird ebenfalls eingeschult, etwa mit dem Slogan: »Denkt immer positiv!«.

In jungen Jahren hatte ich Hemmungen, mit fremden Leuten Kontakt aufzunehmen oder gar zu diskutieren, bei den ZJ lernte ich diese Scheu abzulegen.

Mit der Zeit konnte ich immer besser kniffligen Fragen mittels langatmiger Schachtelsätze ausweichen. Heute denke ich beim Zuhören von Politikerinterviews in den Medien, die müssen eine ähnliche Schulung genossen haben, wie ich sie erhielt. Über die Erlebnisse an den Türen könnte jeder ZJ dicke Bände schreiben. Da Erfolge äußerst dürftig sind, gewöhnte ich mir eine fast fatalistische Gelassenheit an. Fühlte man sich niedergeschlagen und trübsinnig, dann tröstete man sich mit Sätzen aus der Bibel. Beispielsweise mit den Jesusworten: »Ihr werdet um meines Namens willen gehaßt werden«, oder, bei Abweisung an den Türen: »Dann schüttelt den Staub von euren Füßen und geht weiter zum nächsten Haus«. Auch der Mißerfolg wird einprogrammiert. Wie im Sport lernt man das »Hinfallen«, ohne sich selbst Schaden zuzufügen. Da es den meisten Christen schwerfällt, über ihren Glauben zu sprechen, ist ihnen der ZJ überlegen. Das hilft ihnen über manche Mißerfolge hinweg, sie sagen dann: Das hat mich wieder »auferbaut«.

Nicht allen Verkündigern gelingt dies. Hat einer Probleme am Arbeitsplatz oder in der Familie und zusätzlich Mißerfolge im Predigtdienst, dann führt dies häufig zum Nervenzusammenbruch. Die psychischen Probleme sind bei vielen ZJ ganz offensichtlich, dazu später mehr.

Gemeinschaft kann gefährlich werden

So lautet die Überschrift eines Faltblattes, das seit einiger Zeit vom »Ministerium für Unterricht« in Österreich verbreitet wird. In 17 Punkten werden Schritte gezeigt, wie ein Mensch in die Abhängigkeit der Sekten gerät. Die Zusammenstellung ist Resultat einer internationalen Befragung von Psychologen, wie und wodurch ein Mensch überhaupt in Abhängigkeit gerät. Die ausgewählten Psychologen haben ihre Erfahrungen mit Sektenopfern eingebracht. Aus heutiger Sicht muß ich sagen, daß alle angeführten 17 Punkte ihre Entsprechung auch bei den ZJ, besser: in der »Wachtturm Organisation« haben.

Im ersten Punkt dieses Faltblattes wird gleich eine der Motivationen genannt, warum suchende Menschen sich schnell für solche Gemeinschaften begeistern können:

> Bei der Gruppe findest Du 100%ig das, was Du bisher vergeblich gesucht hast. Sie weiß genau, was Dir fehlt.

Und genau auf diese Sehnsucht, die bestimmt viele Menschen bewegt, sind Gruppen wie die ZJ programmiert - sie haben die Lösungen aller Probleme parat. Sie kennen den Weg, wie diese Sehnsucht befriedigt wird, ganz genau. Da viele Verheißungen für künftige Aussichten im metaphysischen Bereich liegen, fühlen sich Menschen mit lebhafter Phantasie sofort angesprochen. Solche, die z.B. gerne Zukunftsromane lesen oder Science-fiction Filme lieben, werden sich eher den Scientologen zuwenden. Wer jedoch eine Lösung aller Probleme dieser Welt im rein religiösen Bereich sucht, fühlt sich schnell bei den ZJ wohl und geborgen.

Zuerst wird der Einsteiger mit »Jehova Gott« vertraut gemacht, dieser löst alle Probleme, er wird dich zum ewigen Leben direkt ins Paradies führen, so hörte ich es oft.

Sicherlich, das zeigt auch die Bibel, alle Not und Mißstände wird Gott durch seinen Sohn beseitigen. Ähnliches wird anfänglich auch in den Vordergrund gerückt. Doch wenn man »angebissen« hat, werden gleichzeitig auch gewisse Zweifel eingestreut. Später habe ich in Vorträgen gern den Ausspruch Jesu zitiert (den ich vorhin schon anführte, nun aber ohne Buchstabenvertausch). Direkt aus der »Neuen-Welt-Übersetzung« der WTG:

> *Matthäus 6:19-20 19:* Hört auf, euch Schätze auf der Erde aufzuhäufen, wo Motte und Rost [sie] verzehren und wo Diebe einbrechen und stehlen. *20* Häuft euch vielmehr Schätze im Himmel auf, wo weder Motte noch Rost [sie] verzehren und wo Diebe nicht einbrechen und stehlen.

Heute schäme ich mich, daß ich bei Ansprachen den Vergleich eines WT anführte: Wenn wir im Predigtdienst fleißig sind, dann fühlt sich Gott gewissermaßen »verschuldet« und dadurch wächst unser »Guthaben« am »himmlischen Konto«. Mit dieser Argumentation wird eindeutig die falsche Fährte gelegt. Solche Gedanken gehen aus dem eben zitierten Jesu-Wort nicht hervor!

Wer nicht die Hauptaussagen der christlichen Bibel kennt und mit diesem Nichtwissen bei den Zeugen einsteigt, bleibt sogar nach einem freiwilligen Ausstieg von ihnen in diesem Leistungsdenken verhaftet. Zu sehr prägt sich das ein: »Ich muß was für Gott tun«, oder wie es eine eifrige Predigerin der ZJ sagte: »Ich renne um mein Leben«. Die trostreichen biblischen Aussprüche über die Gnade Gottes, z.B. im Römerbrief von Paulus, werden kaum beachtet und meist überlesen.

> Schon der erste Kontakt eröffnet Dir eine völlig neue Sicht der Dinge.

So heißt es im besagten Faltblatt dann weiter. Nachdem das Heimbibelstudium bei mir Wirkung zeigte, hatte sich mein Weltbild bereits verändert. Ich fühlte mich immer besser.

War ich doch den anderen – den »Weltmenschen« – bereits weit überlegen. Die blieben blind, ich wurde sehend. Diesen Erfolg verdankte ich der »von Gott gebrauchten Organisation.« Anfänglich behagten mir solche Aussagen, in Wort und Schrift, bei den Zeugen gar nicht. Aber so wie steter Tropfen den Stein aushöhlt, geschah dies ähnlich auch in meinem Kopf. Bei mir begann die Indoktrinierung ihre Wirkung nicht zu verfehlen.

> Das Weltbild der Gruppe ist verblüffend einfach und erklärt jedes Problem.

Kam mir die Welt vor dem Einstieg schon schlecht vor, nach dem »Studium« wurde sie noch weit schlechter. Ich hatte schon gelernt, wer und was nun »gut« oder »böse« ist. Das gipfelte im gemeinsamen Nenner, der ungefähr so aussieht: Die Organisation Jehovas ist gut, alles, was draußen ist, ist automatisch schlecht. Dieses Feindbild wird in fast jeder

Ansprache und in den WT-Schriften fest eingebleut. Eine alte und bewährte Methode. Eigentlich sollte das den WT-Leuten auch bekannt sein. In der Zeitschrift »Erwachet!« (22.1.1990, S.10), wurde der Propagandamißbrauch »in dieser bösen Welt« einmal angeprangert, und dazu wurde sogar aus Hitlers »Mein Kampf« zitiert:

> »Propaganda wird zu keinem Erfolg führen, wenn nicht ein fundamentaler Grundsatz immer gleich scharf berücksichtigt wird. Sie hat sich auf wenig zu beschränken und dieses ewig zu wiederholen. Die Beharrlichkeit ist hier wie bei so vielem auf der Welt die erste und wichtigste Voraussetzung zum Erfolg (...) nur einer tausendfachen Wiederholung einfachster Begriffe wird sie [die Masse] endlich ihr Gedächtnis schenken. Jede Abwechslung darf nie den Inhalt des durch die Propaganda zu Bringenden verändern, sondern muß stets zum Schlusse das gleiche besagen. So muß das Schlagwort wohl von verschiedenen Seiten aus beleuchtet werden, allein das Ende jeder Betrachtung hat immer von neuem beim Schlagwort selber zu liegen.«

Die Artikelschreiber, die solche Zitate in ihre Texte einbauen, sind sich gar nicht bewußt, daß sie selbst Opfer dieser Methode sind und diese gleichzeitig bei anderen anwenden. Keiner denkt sich dabei etwas Böses.

> Es ist schwer, sich ein genaues Bild von der Gruppe zu machen. Du sollst nicht nachdenken und prüfen. Deine neuen Freunde sagen: »Das kann man nicht erklären, das mußt Du erleben – komm gleich mit in unser Zentrum.«

Die Zentren der ZJ sind primär ihre Versammlungssäle und die Kongreßveranstaltungen. Hier wird geschult und »auferbaut«, ein beliebtes Wort. Das Vertrauen zu dieser Gemeinschaft – der Organisation – muß gestärkt werden. Das erfolgt natürlich gesteuert. Nochmals ein Zitat aus »Unser Königreichsdienst« vom April 1997. Bemerkenswert, wie in Profimanier und raffinierter Weise die Suchenden in eine Organisation (!) gelenkt und in diese einverleibt werden:

Studierende zu der Organisation führen: »Es ist eine Botschaft in über 200 Sprachen. Eine Botschaft in über 210 Ländern. Eine Botschaft, die überall Menschen persönlich überbracht wird. Der größte Predigtfeldzug, den die Welt je gesehen hat... Eine Botschaft, die Millionen weltweit vereinigt. Seit über 100 Jahren führen Jehovas Zeugen dieses Werk organisiert durch!«

So lauten die einleitenden Worte des Videos *Jehovas Zeugen – Die Organisation, die hinter dem Namen steht.* Im Video werden dann weitere Fragen beantwortet: Wer sind Jehovas Zeugen eigentlich? Wie wird ihre Tätigkeit organisiert, geleitet und finanziert? Wer sich dieses Video ansieht, ist davon beeindruckt, daß »Jehovas Zeugen ... weltweit als Organisation geschult worden [sind], ihren Mitmenschen behilflich zu sein, Glauben an die Bibel zu gewinnen«, und wird ermuntert, die Organisation hinter unserem Namen selbst zu sehen. Nachdem eine Frau, die die Bibel studiert, das Video gesehen hatte, brach sie vor Freude und Dankbarkeit in Tränen aus und sagte: »Wie könnte jemand daran zweifeln, daß es sich um die Organisation Jehovas, des wahren Gottes, handelt?« (Vgl. 1 Kor 14:24, 25.)

Eine schöne heile Welt findet man allein nur in dieser Organisation. Das entspricht auch der Bibel, wird scheinbar ehrlich argumentiert. Auch im Zitat oben endet der letzte Satz mit einem Bibelhinweis, den fast kein ZJ nachprüft, das wird einfach geglaubt. Dabei steht in dieser Stelle nichts, was den vorhergehenden Gedanken stützen würde. Nach der NW-Ü.:

1 Kor 14:24-25 24: Wenn ihr aber alle prophezeit, und ein Ungläubiger oder ein gewöhnlicher Mensch kommt herein, wird er von ihnen allen überführt, er wird von allen genau beurteilt; *25* das Verborgene seines Herzens wird offenbar, so daß er auf [sein] Angesicht fallen und Gott anbeten wird, indem er erklärt: »Gott ist wirklich unter euch.«

Wer sich die Mühe macht, den Textzusammenhang zu lesen, der hört primär die Mahnung des Apostel Paulus heraus, kein Durcheinander in den Versammlungen zu dulden. Herrscht Ordnung in den Versammlungen, dann mögen Ungläubige beeindruckt werden, meinte Paulus. Ausdrücke wie »Organisation Gottes« sind der Bibel jedoch völlig fremd. Durch die oftmalige Wiederholung solcher Wortgruppen – in »hitlerscher« Manier – denkt man, dies entspricht alles genau der Bibel. Den ZJ-Mitläufern wird eingetrichtert: Du bist mit der wahren Organisation Gottes verbunden! Dazu könnten eine Vielzahl von Zitaten aus den WT-Heften angeführt werden. Im WT vom 1.9.1998, unter der Überschrift »Als Teil der Organisation Gottes in Sicherheit bleiben«, kommen unzählige Male immer wieder die beiden Wörter »Gottes Organisation« vor. Auf den Seiten 10 und 11 schafft der Artikelschreiber einen Rekord. Denn da wird das Wort »Organisation« gleich 23mal gebraucht, und das auf nur zwei Seiten. Eine Abbildung zeigt zusätzlich einen gut besetzten Königreichssaal, die Bildlegende dazu: »Durch Jehovas Organisation wird für die vorzüglichste geistige Speise gesorgt«. Kein Superlativum wird ausgelassen, das Eigenlob der WTG begleitet die Anhänger unaufhörlich. In skrupelloser Weise wird die Organisation sogar in direkte Verbindung mit dem Glauben gebracht; eine fettgedruckte Überschrift im WT, 1. Juni 1979, S. 12 lautet: *»Der Glaube an Gottes siegreiche Organisation«*, nun suche man nach einem Bibeltext, der so etwas belegen könnte.

Viele Außenstehende mögen nun fragen: Wie ist das alles nur möglich? Wird man nicht gerade durch das Einpaukersystem mißtrauisch? Im nachhinein frage ich mich das auch sehr oft. Hier spielt ein ebenso raffinierter wie einfacher Trick eine wichtige Rolle. Als eine der ersten »Warnungen« wird einem »Interessierten« folgendes beigebracht: »Wenn Sie jetzt mit uns die Bibel studieren und beginnen, die Wahrheit anzunehmen, wird Satan alle Hebel in Bewegung setzen, um Sie von der Wahrheit fernzuhalten. Dabei wird er Ihre engsten Vertrauten - Ihre Freunde, nahe Verwandte u. dgl. - einsetzen. Diese werden sich von ihm gebrauchen lassen, um Sie zu bewegen, sich möglichst schnell von uns ZJ zu trennen (...)« Damit wird eine ganz natürliche Reaktion des Umfeldes jener Personen wie eine Voraussage benutzt. Ziemlich sicher tritt eine derartige Situation auch ein. Der Neuling fühlt sich bestätigt und die Bindung wird fester.

Dieser Organisation fehlt eine »Opposition«. Kritik wird schon im Keim erstickt und ausgeschaltet. Denn:

> Die Gruppe hat einen Meister, ein Medium, einen Führer oder Guru, der allein im Besitz der ganzen Wahrheit ist.

Bei den ZJ heißt der »Guru« jedoch »Sklave« oder die »Sklaven-Klasse«, vertreten durch die »leitende Körperschaft«, die »die Wahrheit« durch WTG-Publikationen und durch ihre »reisenden Aufseher« vermittelt. Daher sind bei den ZJ geflügelte Worte: »wir haben die Wahrheit«; wir sind »in der Wahrheit« und ähnliche mehr. Wer noch das »Wahrheitsministerium« in H.G. Wells Roman »1984« (geschrieben 1948) belächelte, dubiose Gemeinschaften haben dieses längst erfunden. Steven Hassan, ein ehemaliges leitendes Mitglied der »Vereinigungsbewegung« (Mun-Sekte) beschreibt die Methodik »seiner« Kirche in dem Buch (vergriffen): »Ausbruch aus dem Bann der Sekten«. Die Parallele zu den ZJ – und wahrscheinlich vieler anderer Gemeinschaften – ist dabei unübersehbar. Bei der WTG liest sich das so:

> *Der Wachtturm und Erwachet! – aktuelle Zeitschriften der Wahrheit:* Jehova ist der »Gott der Wahrheit« (Ps 31:5). Sein Wort, die Bibel, ist ein Buch der Wahrheit (Joh 17:17). Aufrichtige Menschen reagieren günstig auf die Wahrheit. (Vgl. Joh 4:23, 24.) *Der Wachtturm* und *Erwachet!* erreichen unter anderem deshalb das Herz von Millionen Lesern, weil es sich um Zeitschriften handelt, die sich der Rechtschaffenheit und der Wahrheit verschrieben haben. Es hatte mit der Frage der Loyalität gegenüber der biblischen Wahrheit zu tun, daß es überhaupt zur Veröffentlichung des *Wachtturms* kam. (WT, 1.1.1994, S. 20)

Einige ZJ, die schon lange Zeit bei der »Gesellschaft« sind, erleben immer wieder gewisse Änderungen, mitunter recht einschneidende. Denjenigen, die ihr eigenes Denken noch nicht gänzlich aufgegeben haben, stellt sich die Frage, ob denn wirklich alles der Wahrheit entspricht. Solche Bedenken wischt der WT ganz einfach mit wenigen Sätzen vom Tisch:

Gebt dem Teufel nicht Raum! Ja, Jehovas Volk mußte von Zeit zu Zeit seine Erwartungen revidieren. Wegen unseres Eifers erhofften wir das neue System früher, als es nach Jehovas Zeitplan vorgesehen ist. (WT, 15.3.1986, S. 19-20)

Aus Irrtum – also schlicht Unwahrheit – wird »Eifer«. In dieser Tonart geht es weiter:

> Wie töricht, die Ansicht zu vertreten, Erwartungen, die einer gewissen Korrektur bedurften, würden die Gesamtaussage der Wahrheit in Frage stellen! Die Beweise liegen auf der Hand, daß sich Jehova seiner einen Organisation, in der der »treue und verständige Sklave« die Führung innehat, bedient hat und weiterhin bedienen wird. Wir empfinden wie Petrus, der sagte: »Herr, zu wem sollen wir gehen? Du hast Worte ewigen Lebens« (Joh 6:68).Nur in dem geistigen Paradies – unter Jehovas Zeugen – können wir die selbstaufopfernde Liebe finden, an der, wie Jesus sagte, seine wahren Jünger zu erkennen sind (Joh 13:34, 35).

Welche Beweise? Sind »wir« denn Petrus? Ist der zitierte »Herr«, den Petrus mit »Du« anspricht, die »Organisation Jehovas«?

Längst hatte ich das eigene Denken zugunsten der Organisation geopfert. Überhaupt dem Mythos des »treuen und verständigen Sklaven« bin ich erlegen. Keine Kirche oder Gemeinschaft kann die Bibel richtig erklären, heißt es immer wieder. Haben diese doch nicht den »treuen Sklaven«!

»Hingabe« durch die Taufe

Nun war es soweit, daß ich mich bei den Zeugen wie zuhause fühlte. Mit dem neuen Freundeskreis machte ich Ausflüge, auf den Wiesen wurde Fußball gespielt. Es war richtig schön, immer wieder mit Gleichgesinnten zusammenzukommen. Von der Notwendigkeit der Taufe war oft die Rede. Ich mußte dazu keineswegs gedrängt werden. Beim nächsten Kongreß schon sollte das geschehen. Die Taufanwärter sitzen am Versammlungsort in der ersten Reihe. Dann erfolgt eine Taufansprache, die in zwei Fragen gipfelt, die der »Täufling« mit »ja« beantworten soll. Erst dann ist das gänzliche Untertauchen im Wasser erlaubt, dies geschieht in der Regel in einem Schwimmbecken. Mit dem WT 1.6.1985 (S. 30) - man behalte im Sinn: der »Wachtturm« hat für die WT-Anhänger »Gesetzeskraft«! - wurden die zwei Fragen neu formuliert, um die hier und da geäußerte Ansicht, »ich habe mich keiner Organisation hingegeben, sondern nur Jehova«, auszuschalten. Bei den Zeugen hätten alle Alarmglocken laut schrillen müssen. Diese Neuformulierung - besonders der zweiten Frage - war nichts anderes als ein »Einschwören« auf die Organisation! War früher noch viel von Gott, seinem Sohn und dem heiligen Geist die Rede, muß nun auch die Organisation hervorgehoben werden. Hier versucht die WTG, zwei Dinge zu erreichen. Man beachte dazu die neuen Formulierungen im WT:

Sich Jehova durch die Hingabe unterwerfen: Am Ende der Taufansprache auf den Kongressen werden die Taufbewerber in der Lage sein, aufgrund eines tiefgründigen Verständnisses und von Herzen kommender Wertschätzung zwei einfache Fragen zu beantworten, durch die sie bestätigen sollen, daß sie verstehen, was damit verbunden ist, Christi Beispiel zu folgen.

Die erste Frage lautet: Hast du auf der Grundlage des Opfers Jesu Christi deine Sünden bereut und dich Jehova hingegeben, um seinen Willen zu tun?

Die zweite lautet: Bist du dir darüber im klaren, daß du dich durch deine Hingabe und Taufe als ein Zeuge Jehovas zu erkennen gibst, der mit der vom *Geist geleiteten Organisation Gottes* verbunden ist?

Wenn die Taufbewerber diese Fragen mit Ja beantwortet haben, dann haben sie den rechten Herzenszustand und können sich taufen lassen. (WT, 1.6.1985, S. 30)

Vor dem Juni 1985 hatte die ellenlange 2. Frage noch einen biblischen Hintergrund, wie ein Vergleich zeigt:

Hast du dich aufgrund dieses Glaubens an Gott und an seine Loskaufsvorkehrung Jehova Gott rückhaltlos hingegeben, um fortan seinen Willen zu tun, wie dieser dir durch Christus Jesus und durch Gottes Wort geoffenbart und durch Gottes heiligen Geist verständlich gemacht wird?

So einfach geht das, »Jehova Gott« und »Christus Jesus« werden kurzerhand durch »Organisation« ersetzt. Das ist - gelinde ausgedrückt - der Gipfel der Anmaßung! Einen so bedeutsamen Begriff wie »Hingabe« wird mit einer irdischen, von Menschen gegründeten Organisation in Verbindung gebracht. Wer aber »reif« zur Taufe ist, hat sich tatsächlich der Organisation derart »hingegeben«, daß er gar nicht mehr wahrnimmt (es nicht mehr wahrnehmen kann), wie er Schritt für Schritt vom theokratischen Spinnennetz eingewoben wurde. Der Getaufte ist nun mit geistigen Ketten an die Organisation gebunden, das ist das Anliegen der WTG. Ein weiteres ist, daß nun kein getaufter ZJ mehr behaupten kann, er sei ja gar nicht an die WTG gebunden. Dahinter steckt ihr vordringlichstes Anliegen! Zumindest jene, die sich nach Juni 1985 untertauchen ließen, können jetzt nicht mehr sagen, sie hätten sich »keiner Organisation hingegeben«. Mit dem »Ja« auf die zweite Frage ist jeder mit Haut und Haar an die Organisation gebunden, dieser muß er nun »loyal« ergeben sein, bedingungsloser Gehorsam mit eingeschlossen!

Ich hatte mich schon derartig mit diesen Menschen verbunden, daß ich kaum einen klaren Kopf fand. Viele vergleichen diesen Zustand mit einer Sucht. Die »Spezialdroge« der WTG ist und bleibt dabei die Lehre vom »treuen und verständigen Sklaven«. Jeder ZJ, der diese Ansicht einmal geschluckt hat, kommt davon kaum mehr los. Da sie die Hauptlehre der WTG bildet, möchte ich gleich anschließend diese Ansicht, verbunden mit einem geschichtlichen Rückblick, ausführlicher beleuchten.

Wo ist denn in der Bibel diese Prophezeiung vom »Sklaven« zu finden? Diese Fragestellung ist bereits ein Irrtum. Das Gleichnis (!) Jesu, in dem von »Sklave« oder »Knecht« die Rede ist, kommt an zwei Stellen vor:

Mt 24:45-47 45: Wer ist in Wirklichkeit der treue und verständige Sklave, den sein Herr über seine Hausknechte gesetzt hat, um ihnen ihre Speise zur rechten Zeit zu geben? *46* Glücklich ist jener Sklave, wenn ihn sein Herr bei der Ankunft so handelnd findet. *47* Wahrlich, ich sage euch: Er wird ihn über seine ganze Habe setzen.

Lk 12:41-43 41: Dann sagte Petrus: »Herr, sagst du dieses Gleichnis für uns oder auch für alle?« *42* Und der Herr sprach: »Wer ist in Wirklichkeit der treue Verwalter, der verständige, den sein Herr über seine Dienerschaft setzen wird, um ihnen fortwährend ihr Maß an Speisevorrat zur rechten Zeit zu geben? *43* Glücklich ist jener Sklave, wenn ihn sein Herr bei der Ankunft so handelnd findet.

Der Ausspruch Jesu wird bei den Zeugen wie eine Prophezeiung verstanden, die sich nach dem Tode Jesu bis heute *laufend* erfüllt. Gebetsmühlenartig wurde mir und meinen Mitstreitern, wörtlich und schriftlich, immer wieder eingeredet: Der vorhergesagte »Sklave« findet seine Entsprechung durch die »Leitende Körperschaft«, die ihren Sitz in Brooklyn, New York, hat. Aber nicht nur das, dieser »Sklave« der Gegenwart ist vergleichsweise wie ein mehrfacher »Ururenkel« eines angeblichen Vorgänger-»Sklaven«, der schon seit 1900 Jahren existiert. Eine solche Exegese sucht ihresgleichen.

Man könnte schmunzelnd diesen verwegenen Erzählungen den Rücken kehren. Dann, wenn diese Sicht der WTG nicht einen so hohen Stellenwert einnehmen würde. Sehr oft erlebte ich, wie zweifelnde ZJ von Ältesten befragt wurden, welche Einstellung sie zum »Sklaven« hätten. Die Antwort entschied, ob ein ZJ weiterhin in der Organisation bleiben durfte oder nicht. Dieser imaginäre »Sklave« ist das Kriterium, das Verhältnis zu ihm wird zur Überlebensfrage hochstilisiert. Vergleichsweise kann ein Katholik weiterhin seine Kirche besuchen und Sakramente empfangen, auch dann, wenn er nicht an das Papsttum seit Petrus glaubt. Ganz anders bei den Zeugen. Die Anerkennung ihres Phantasie-»papstes«, der sich »Sklave« nennt, ist absolutes Erfordernis. Wer das nicht glauben will, »fliegt«! Da versteht die WTG keinen Spaß.

Nochmals die Frage: Wieso glauben die Leute das? »Blindes Vertrauen« spielt gewiß eine Hauptrolle. Ein weiterer Punkt des Faltblattes führt noch einen Grund für diese Blindheit an. Rückblickend ist das für mich nicht gerade schmeichelhaft:

> Die Lehre der Gruppe gilt als einzig echtes, ewig wahres Wissen. Die etablierte Wissenschaft, das rationale Denken, der Verstand werden dagegen als Verkopfung, als negativ, satanisch oder unerleuchtet abgelehnt.

Neben diesem Text ist eine köstliche Illustration zu sehen. Ein Mann, dessen Schädeldecke offenliegt, die graue Gehirnmasse fliegt himmelwärts davon, »verabschiedet« sich mit einem: »und Tschüss!«. Der »Hirnamputierte« lächelt glücklich. Es ist eine traurige Tatsache, der Eintritt in totalitäre Gruppen hat zur Folge, daß in der Garderobe des Versammlungslokals mit dem Mantel auch gleich der Verstand abgegeben wird. Das hirnlose Opfer merkt davon nichts, im Gegenteil, es fühlt sich wohl und geborgen.

Es gab Warnungen meiner Pflegeeltern und von Bekannten. Diese habe ich ganz energisch zurückgewiesen. Hatte ich mir doch beibringen lassen, daß derartiges nur »vom Teufel« kommen kann! Diese Überzeugung macht jegliche gutgemeinten Ratschläge wirkungslos, sie sind eher kontraproduktiv. Manchmal haben sie sogar eine anspornende Wirkung. Das zeigt auch nachfolgender Punkt:

> Kritik durch Außenstehende wird als Beweis betrachtet, daß die Gruppe recht hat.

Lange habe ich die Märchen der ZJ kritiklos für bare Münze genommen. Ein schlechtes Gewissen bekam ich erst, als kleine Zweifel aufkamen. Diese unterdrückt man sofort mit aller Macht. Auslöser für erste Zweifel war besonders die erwähnte »Sklaven«lehre, die langsam in den verbliebenen Resten meines Schädelinneren zu bohren begannen. Das wollte ich ernsthaft hinterfragen. Die Hauptfrage dabei ist:

Wer ist nun wirklich der
»treue und verständige Sklave«?

Die ausgeprägte Loyalität, die die ZJ ihrer Organisation hingebungsvoll entgegenbringen, fußt auf der Überzeugung: die WTG ist die »einzige Organisation auf Erden, mit der Gott handelt, und diese wird direkt von Jesus Christus geleitet.« Nur diese Organisation wird von Gott als sein »Mitteilungskanal« benutzt. Also spricht Gott ausschließlich durch sie. »Jehovas Organisation« ist schlechthin »vom heiligen Geist geleitet.« Jeder, dem es schwerfällt, dies zu akzeptieren, es offen anzuzweifelt, in Frage stellt und kritisiert, riskiert den Hinauswurf.

Will man zu manchen WT-Artikeln und Vorträgen von Ältesten entschuldigend annehmen, die Verfasser oder Redner seien selbst von dem überzeugt, was sie schreiben und reden, sie äußerten sich mit gutem Gewissen und seien sich keiner Unwahrheit bewußt – dann ist die kommende Gegenüberstellung ernüchternd. Hier handelt es sich, wie ich meine, um ganz *bewußte* und unchristliche Hinterhältigkeit! In einer WTG-Schrift, die an die Öffentlichkeit gerichtet ist, heißt es:

> (...) In bezug auf Lehren, die ihnen [den ZJ] als biblische Wahrheit dargeboten werden, handeln sie genauso, wie es die Beröer taten, als ihnen der Apostel Paulus predigte: »Sie nahmen das Wort mit der größten Bereitwilligkeit auf, indem sie täglich in den Schriften sorgfältig forschten, ob sich diese Dinge so verhielten« (Apg 17:11). Jehovas Zeugen glauben, daß alle religiösen Lehren anhand der Bibel geprüft werden sollten, ganz gleich, ob es sich um Lehren handelt, die sie selbst vertreten, oder um die Lehren von jemand anders. (aus der Broschüre *Jehovas Zeugen im zwanzigsten Jahrhundert* © 1979, 1989, Abs.4)

Jeder aufrichtige und ehrliche Zeuge, auch der Verfasser dieser Broschüre, weiß doch ganz genau: Jeder ZJ der das so praktiziert, also die Lehren der ZJ, anhand der Bibel prüft, riskiert den »Gemeinschaftsentzug« (Exkommunikation). Ist obige Aussage nicht eine glatte Lüge? Dies kann durch WT-Aussagen bewiesen werden, man vergleiche:

Sollten wir die geistige Speise vom treuen und verständigen Sklaven kritisch betrachten? Einige führen dabei Apostelgeschichte 17:11 an, wo von den Christen aus Beröa die Rede ist, die alles kritisch prüften. Bedeutet das aber, daß die Beröer nach Fehlern suchten oder sie anzweifelten? Sind sie für uns ein Beispiel dafür, daß wir die Publikationen des treuen und verständigen Sklaven kritisch betrachten und darin nach Fehlern suchen sollten? Ganz und gar nicht! Es stimmt, daß die Brüder, die diese Publikationen schreiben, nicht unfehlbar sind. Ihre Schriften sind nicht inspiriert wie diejenigen des Paulus und der anderen Bibelschreiber (2 Tim 3:16). WT, 15.5.1981, S. 16-19.

Das muß man sich auf der Zunge zergehen lassen. Der Apostel Paulus wird in diesem WT zitiert, bleiben wir bei ihm: Er hat jene als »edler« bezeichnet, die »täglich in den Schriften sorgfältig forschten, ob sich diese Dinge so verhielten«. Doch die »Brüder, die die Publikationen schreiben«, die eben »nicht inspiriert sind wie Paulus«, sehen im Prüfen der WT-Schriften eine »Fehlersuche«! Ein WT argumentierte einmal so: Wir sind im Besitz der Wahrheit, und die Wahrheit braucht nicht geprüft zu werden!

Nun folgt ein »Hochseilakt« ohne Netz. Die WTG betrachtet sich, wie kurz angedeutet, als einen legitimen Erben eines »Sklaven«, der schon seit Jahrhunderten existiert. Wie das?:

Heute mit der leitenden Körperschaft zusammenarbeiten: »Er wird ihn über seine ganze Habe setzen« (Lk 12:44). Zu Pfingsten 33 u. Z. begann Jesus Christus, das Haupt der Versammlung, im Königreich seiner geistgesalbten Sklaven zu regieren. (WT, 15.3.1990, S. 15)

Es wäre nicht verwunderlich, wenn manchem Betrachter diese ganze Sache verwirrend erscheint. In der Tat, es ist verwirrend. Die skurrilen Gedankengänge – in erweiterter Form – lauten nämlich so:

Schätzt du den »treuen und verständigen Sklaven«?: Jehovas Zeugen glauben, daß sich dieses Gleichnis auf die eine wahre Versammlung der gesalbten Nachfolger Jesu bezieht. Von Pfingsten

33 u. Z. an hat diese sklavenähnliche Versammlung in den vergangenen 1 900 Jahren ihren Gliedern geistige Speise ausgeteilt und hat sich dabei als treu und verständig erwiesen. Besonders seit der Zeit der Wiederkunft oder Gegenwart Christi ist dieser »Sklave« deutlich zu erkennen. Er ist an seiner Wachsamkeit und daran zu erkennen, daß er als »treuer und verständiger Sklave« für die geistige Speise sorgt, die von allen in der Christenversammlung benötigt wird. Dieser »Sklave« oder die geistgesalbte Versammlung ist in der Tat der von Gott anerkannte Kanal, der in der »Zeit des Endes« sein Königreich auf der Erde vertritt (Dan 12:4). Nach dem Verständnis der Zeugen Jehovas besteht der »Sklave« aus der *Gruppe* der gesalbten Christen auf der Erde, die in den seit Pfingsten bis heute vergangenen 1 900 Jahren gelebt haben. Die »Hausknechte« sind daher diese Nachfolger Christi als *Einzelpersonen*. (WT, 1.3.1981, S. 24).

Solche Behauptungen sind »starker Tobak« und verwirrten mich total. Da stellte sich die Frage, welcher »Sklave« in der Vergangenheit trat als »Erblasser« auf und wen setzte dieser als seinen Nachfolger ein? Nach den Worten des WT befindet sich dieser Sklave – im übertragenen Sinn – in einem »Stafettenlauf«, da gibt er seine »Treue und Verständigkeit« an den/die Nachfolger weiter. Bitte, wer »lief« denn in der Vergangenheit? Daß es immer, in allen Jahrhunderten, Christen gab, die Gottes Anerkennung besaßen, zeigt auch das Gleichnis Jesu vom »Unkraut und Weizen« in Mt 13. Der »Weizen« ist ein Bild der Kinder Gottes. Scheinchristen werden durch das »Unkraut« veranschaulicht, das vom Teufel *unter* den Weizen gesät wurde. Dieses Gleichnis zeigt auch, daß beide Pflanzenarten zusammen wachsen sollten, bis zur Erntezeit. Dann würden *Engel* das Unkraut vom Weizen trennen. Dabei wird das Unkraut gestapelt und verbrannt, der Weizen geerntet und gelagert. Welche Christen sind in all den Jahrhunderten eigentlich Weizen und welche Unkraut gewesen? Wie hieß die Gemeinschaft, Kirche, oder Einzelperson? Um im genannten Bild zu bleiben, wer war der letzte Stafettenläufer, dessen Stafette die WTG übernahm?

Die »geistige Speise« ist nach Auslegung der WTG der Inhalt ihrer Schriften, da sollten doch von »Vorgängern« auch solche vorhanden sein. Es gibt eine Menge religiösen Schrifttums aus der Vergangenheit, was ist davon »Speise zur rechten Zeit«? Laut WTG waren alle christlichen Religionen vor ihnen unerleuchtet und Teil »Babylons der Großen«, eben die abgefallene Christenheit. Ich fand weder eine schriftliche noch persönliche Spur von irgendeinem »Sklaven« vor der WTG-Ära! Waren das nicht alles nur reine Behauptungen?

Heimliche kritische Diskussionen

Nie hätte ich es gewagt, solche Fragen bei den Zusammenkünften zu stellen. Das wäre der Anfang vom Ende – sprich: Hinauswurf – gewesen. Da Hans mir im Betrieb als mein erster ZJ-Lehrer zur Verfügung stand, hatte ich mit ihm den richtigen Gesprächspartner, der nicht gleich zu den Ältesten petzen ging. Wir versuchten herauszufinden, ob vielleicht Russell der neuzeitliche Sklave war.

Wie schon gezeigt, brüstet sich die WTG mit ihrer eigenen »geschönten« Geschichte. Wobei ihr »Gottgebrauchtsein« immer stark betont wird, Fehlinterpretationen bleiben ausgeklammert. Eines dieser »Geschichtsbücher« trug den Titel »Jehovas Zeugen in Gottes Vorhaben«. Der Titel spricht schon für sich. Die Zeugen zeigen sich darin als Vollzugsorgane Gottes. Begann dies mit Russell? Es heißt, daß er »als Presbyterianer erzogen« wurde. Deren Auslegungen paßten ihm aber nicht. Er geriet zufällig an die »Second Adventists«. Waren diese Adventisten die Vorläufer des Sklaven? Ein früherer Mitarbeiter Russells, A.H. McMillan, schrieb in seinen Erinnerungen, daß Russell mit einer recht abgegriffenen Bibel ein genaues und systematisches Studium begann. Mit Gleichaltrigen traf er sich dann jede Woche zum gemeinsamen Bibellesen. McMillan stellt dann fest:

> Und so begann es. Dieser junge Mann, der mit 18 Jahren diese kleine Bibelklasse organisierte, sollte einer der bekanntesten Bibelforscher seiner Generation werden.

Die WT-Literatur zeigt, daß Russell keineswegs der Gründer einer neuen Religion war, er erhob keinen solchen Anspruch. Demnach hätten weder die Adventisten noch Russell selbst irgend etwas mit einem vorhergesagten »verständigen Sklaven« gemein. Zu seiner Zeit wären aber, nach heutiger Sicht der WTG, unzählige Sklaven bereits 1800 Jahre mit dem Austeilen von geistiger Speise beschäftigt gewesen. Mir wurde klar: Die Kombinationen des WT dazu sind Nonsens!

Einen besonderen Clou leisten sich die Brooklyner »Herren über euren Glauben« (2 Kor 1,24), indem sie behaupten, in Erfüllung der Verheißung Jesu seien sie im Jahre 1919 n.Chr. »über die ganze Habe Jesu gesetzt« worden (Mt 24,45-47). Man beachte dabei, daß unmittelbar vor diesen Versen steht: »(...) denn zu einer Stunde, *da ihr es nicht denkt*, kommt der Sohn des Menschen.« Aus dem Repertoire der WT-»Gebetsmühle«:

Jehova gibt Frieden und Wahrheit in Fülle: Diese beiden Verheißungen waren für das alte Israel bedeutungsvoll, und sie sind auch für uns heute, am Ende des 20. Jahrhunderts, von großer Bedeutung. Vor fast 80 Jahren, während des Ersten Weltkriegs, gingen die wenigen tausend Gesalbten, die damals das »Israel Gottes« bildeten, in die geistige Gefangenschaft, so wie das alte Israel in die Gefangenschaft nach Babylon gegangen war (Gal 6:16). Sie wurden prophetisch als auf der Straße liegende Leichname beschrieben. Doch sie hatten immer noch den aufrichtigen Wunsch, Jehova »mit Geist und Wahrheit« anzubeten (Johannes 4:24). Daher befreite Jehova sie 1919 aus der Gefangenschaft und erweckte sie aus ihrem geistigen Todeszustand (Offb 11:7-13). Auf diese Weise beantwortete Jehova mit einem lauten *Ja* die prophetische Frage Jesajas: »Wird ein Land an *einem* Tag mit Wehen hervorgebracht werden? Oder wird eine Nation auf einmal geboren werden?« (Jes 66:8). Ab 1919 existierte das Volk Jehovas wieder als geistige Nation mit einem eigenen »Land« oder geistigen Besitz auf der Erde. (WT, 1.1.1996, S. 10).

Ein klarer Fall? Da schlägt die Logik wahre Purzelbäume. Wie immer in den Schriften des Sklaven gezeigt wird, waren die Bibelforscher vor 1919 noch immer mit weltlichen Dingen und mit falscher Religion verstrickt, noch in »Babylon«, wie oben zu lesen. Genaugenommen die schlechtesten Voraussetzungen für eine Anerkennung Gottes. Trotzdem – oder gerade deswegen? – erhielten sie seine Anerkennung!? Sie wurden durch Jehova zu einer »geistigen Nation«, es erfüllte sich Jesajas Voraussage in 66,8 und noch dazu die Verheißung Jesu mit dem Austeilen der »Habe«(...)

Solche Überlegungen erschüttern doch die Grundlehren der ZJ. Ich hatte immer das Glück, in meiner ZJ-Umgebung Gesprächspartner zu finden, die sich noch kritisches Denken erlaubten. Von einigen erfuhr ich, daß sich Russell oft irrte. Daher wollte ich genau wissen, ob Russell und seine Nachfolger überhaupt das Recht hatten, sich als »von Gott erwählter Sklave«, als »Gottes Mitteilungskanal« - oder was auch immer - zu bezeichnen.

In der Literatur der WTG wird, wie schon erwähnt, die Frage Jesu: »Wer ist denn der treue und verständige Sklave (...)« als Teil eines Gleichnisses bezeichnet, aber dann wie eine Prophezeiung dargestellt. Hier stellt sich vergleichsweise die Frage, kann man auch andere Gleichnisse auf ganz bestimmte Personen deuten? Die ZJ arbeiten gerne mit Schwarz/weiß-Bildern: Im Gleichnis von den »klugen und törichten Jungfrauen«, wären demnach – ohne Frage – die klugen natürlich gehorsame Zeugen Jehovas. Die törichten sind dann alle anderen (Schein)christen. Obwohl dieses Gleichnis nicht berichtet, daß die »törichten Jungfrauen« ihr Leben verspielt haben, in den Lehren der ZJ bedeutet das immer Vernichtung. Auch bei Jesu Wiederkunft werden nach seinen Worten in Mt 24,40+41 Menschen geschieden. Da werden »zwei Personen auf einem Felde sein, einer wird genommen, der andere zurückgelassen«. In der eingepaukten Logik der Zeugen gibt es da keine »Grauzone«, da bedeutet »gelassen« ganz simpel »vernichten«. Im Sklavengleichnis, sind sie selbst die von Gott Angenommenen, der danach erwähnte »böse Sklave« sind ihre Abtrünnigen und Kritiker. Auch diese enden in der Vernichtung. Diese Ansichten schaffen bei ihren Anhängern Angst und besten Nährboden für Phobien und andere psychische Defekte.

Als ich noch organisationshörig war, kam ich mit Egon, er war der erste »Kreisdiener« in Österreich, in Berührung. Nach seinem Wechsel zurück ins Berufsleben landete er in »meiner« Heimatversammlung. Er hatte die WTG-Bibelschule »Gilead« besucht und plauderte gerne aus der Schule. Mit der Wirklichkeit an dem hohen Ort in Brooklyn konfrontiert, erlebte er einige Überraschungen. Ein Beispiel:

Der frühere Präsident der WTG, N.H. Knorr, hielt noch an der Tradition seines Vorgängers fest, nicht zu heiraten und keine Kinder zu bekommen. Eine Broschüre, die 1938 von der WTG herausgegeben wurde, trug den Titel »Schau den Tatsachen ins Auge!«. Vor über 60 Jahren wurde ZJ mit irdischer Hoffnung – »Jonadabe« genannt – folgender Rat gegeben:

> Jonadabe, die jetzt ans Heiraten denken, würden, wie es scheinen will, besser tun, einige wenige Jahre zu warten, bis der feurige Sturm Harmagedons vorüber ist, und dann die ehelichen Beziehungen aufzunehmen und die Segnungen zu genießen, die mit einer Anteilnahme am Füllen der Erde mit gerechten und vollkommenen Kindern verbunden sind.

Seit Bestehen der WTG, wurde - und wird - immer wieder der Krieg Gottes »Harmagedon« als unmittelbar bevorstehend proklamiert. Deshalb wurde ab der Zeit von »Richter« Rutherford Heiraten und Kinderwunsch als Hemmnis für den lebensrettenden Predigtdienst angesehen. Obwohl später etwas abgeschwächt, besteht dieses Prinzip weiterhin. Als Egon in »Gilead« war, wurde der WTG-Präsident Knorr von anderen Zeugen in der Zentrale sanft aufmerksam gemacht: »Einige nehmen Anstoß, daß du schon so lange mit einer Glaubensschwester ›gehst‹, aber die Verbindung nicht ehelich legalisierst.« Daher sprang Knorr eines Morgens über seinen eigenen Schatten. Im Anschluß an die Betrachtung des »Tagestextes« gab er bekannt, bald Schwester »...« zu heiraten. Das schlug wie eine Bombe ein. Egon glaubte zuerst, diese Ankündigung in der amerikanischen Sprache mißverstanden zu haben.

Zweierlei Maß ist auch ein Merkmal dieser Organisation. Beispielsweise äußert sie sich abfällig über die katholische Kirche, wegen deren Zölibatszwangs für Geistliche. Auch die ZJ haben ihren Mitläufern das Heiraten untersagt, genauso wie Paulus es vorhersagte: »sie verbieten zu heiraten« (1 Tim 4,3).

Der ehemalige Leiter des WT-Zweigbüros von Belgien/Luxemburg, Fleury, befand sich um 1950 in der USA-Zentrale. Er erzählte mir, daß man ihm dort wegen »Unreife« Vorhaltungen machte, als er plötzlich beschloß, seine Nelly zu heiraten. Damals war noch ein Mönchsleben angesagt, mit der Heirat Knorrs war aber der Bann gebrochen. Ein regelrechter Heiratsboom setzte unter den Zeugen ein.

Wie die Weltgeschichte zeigt, haben immer wieder religiöse Menschen über ihre Anvertrauten geherrscht. Es wurde diesen genau erklärt, was richtig und falsch ist. Auffallend: das »falsche Prophetentum« führt dabei meistens Regie. Fleury schimpfte einmal in meiner Gegenwart: »Diese Wachtturmleute sind schuld, daß wir keine Kinder haben, dabei habe ich mir immer welche gewünscht«. Die erfolgte »Freigabe«, doch Kinder zeugen zu dürfen, kam zu spät, das Ehepaar Fleury war bereits zu alt. Sie starben vor wenigen Jahren kinderlos ...

Angst und schlechtes Gewissen zu erzeugen, ist ein bewährtes Mittel der Sekten. Dies trägt bei, die Anhänger noch fester an sich zu binden. Ist es da verwunderlich, daß sich auch die WTG dieser Mittel bedient? Später folgen noch Beispiele.

Die Sekten zeigen den Weg zur Rettung. Uriella, Prophetin der Sekte »Fiat Lux«, erzählt von Raumschiffen, in denen die Anhänger – schon im August 1998 – ins rettende Weltall befördert würden. Diese Raumschiffe haben ziemlich lange Verspätung. Bei den ZJ rettet, wie ich schon zeigte, »Der Glaube an eine siegreiche Organisation«. Diesen Rettungsanker will kein Zeuge auslassen, da bleiben sie lieber mit all ihren Zweifeln »in der Hürde«, wie es im internen Jargon heißt. Ein weiterer Punkt des Faltblattes bestätigt:

Die Menschheit treibt auf eine Katastrophe zu, und nur die Gruppe weiß, wie man die Welt retten kann.

Der »große Bruder« bestimmt die Sitten

Nach langem Suchen, bei großer Auswahl unter den Glaubens-
schwestern, fand ich auch eine »reife«, die ich zum Standesamt
führte. Hochzeit per Standesamt ist Pflicht, die »Welt« macht
die von Gott gebilligten Ehepaare, Logik der WTG. Erst dann
dürfen Paare sexuelle Kontakte pflegen. Ein Grund, warum viele junge Zeugen im frühen Alter heiraten und oft früh geschieden werden. Vorehelicher Sex ist verboten, auch »Masturbation«. Als ich dieses Wort zum ersten Mal in einer Leserfrage des
englischen WT fand, mußte ich mittels Wörterbuch erkunden,
was das bedeutet. Da hieß es im WT einleitend: »From time to
time...«, also von Zeit zu Zeit, kamen Anfragen nach Brooklyn,
in der sich ZJ aus aller Welt erkundigten, ob sich jemand selbst
befriedigen darf oder nicht. Die WTG schämt sich nicht, auch
dafür Regeln und Vorschriften bindend festzulegen. Insider waren sich einig, solche Fragen beantwortet der »Sexexperte« –
wie ihn Egon nannte – Freddy Franz. Der spätere Präsident der
WTG war zeit seines Lebens Junggeselle und starb im hohen
Alter unverheiratet. Er blieb diesbezüglich bei den Vorschriften
der 1930er Jahre. Egon sagte nur spöttisch, der müßte eigentlich
sehr viel Erfahrung für diese Leserfrage einbringen...

Den jungen ZJ wird hinsichtlich »Masturbation« nicht etwa
geraten: »folge deinem Gewissen« oder: »besprich dies vielleicht mit deinen Vertrauten«. Nein, die Antwort auf die genannten Leserfragen lautete, das sei etwas sehr Sündhaftes, es
erging ein striktes Verbot. Ich erlebte später, beim »theokratischen Gericht«, wie ein junger Bruder uns aufsuchte und bekannte, häufig zu »masturbieren«. Wir drei Männer des »Rechts-
komitees« reagierten verlegen und gaben ihm »theokratischen
Rat«. Dieser junge Mensch wirkte danach befreit, als käme er
direkt aus einem Beichtstuhl.

Ich führe dieses, zugegebenermaßen etwas peinliche, Beispiel nur deswegen an, weil es signifikant für alle totalitären
Gruppen ist. Das Faltblatt bestätigt diese Einschätzung:

> Es ist schwer, allein zu sein – jemand aus der Gruppe ist immer
> bei Dir.

Die Illustration dabei ist auch sehr anschaulich: Ein Mann, auf dem Klo sitzend, neben ihm steht sein »Wächter«. Auch die WT-Leute stehen auf dem Wachtturm und »wachen« über ihre Abhängigen und blicken überall hin, vom Badezimmer bis ins Schlafzimmer, ja auch in letzteres, dazu komme ich noch.

Solange wir jungen Brüder unverheiratet waren, trieben wir unsere Späße mit den strengen Vorschriften. Im jugendlichen Übermut »ermahnten« wir einander augenzwinkernd, ja nicht »from time to time« zu treiben. Wir Spötter verstanden den Zusammenhang, die sich neben uns befanden aber nicht. Obwohl ich im Laufe der Zeit genug verklemmte Zeugen kennenlernte, wir gehörten nicht zu diesen. Trotzdem legten wir Wert auf christliche Sittsamkeit, ohne uns dabei als Moralapostel aufzuspielen.

Jedenfalls brachten die lockeren Redensarten es mit sich, daß wir einige Hemmungen ablegten. Wir fühlten uns frei, diese WT-Gesellschaft nicht gar so tierisch ernst zu nehmen. Jedoch eine »reine« Organisation verlangt ihre Opfer, sie hat längst schon Herrschaft über das einzelne Individuum übernommen. In den 1950er Jahren nannte sich die Gesellschaft sogar »Mutter«. Diese gestrenge Mutter war und ist für alle Fragen zuständig und muß selbst eine »weiße Weste« tragen:

> Deine Gruppe ist die Elite, und die übrige Menschheit ist krank und verloren – solange sie nicht mitmacht, bzw. sich retten läßt.

Mit unserer selbstkritischen Einstellung haben wir viele in unserer Umgebung angesteckt. Wir wußten aber ganz genau, mit welcher Person wir offen reden konnten. Keinesfalls mit den strengen »Parteisoldaten«, die sind in fast allen Gruppen vorhanden. Das sind »nützliche Idioten«, die einfach gebraucht werden. Gehorsam tun sie alles, was ihnen angeordnet wird. In der Regel heißt das, viel Eifer zu zeigen. Bei den ZJ ist Eifer im Felddienst oberstes Gebot. Der dabei geleistete Stundeneinsatz wird in einem »Predigtdienst-Berichtszettel« eingetragen. Bericht an Gott und die Kartei.

Ehrgeizige ZJ versuchen immer, das »Soll« von monatlich 10 Stunden zu übertreffen. Das Ziel des Predigtdienstes ist, viele neue Verkündiger zu angeln. In anderen Gruppen fischt man nach Mitgliedern.

Du sollst sofort Mitglied werden.

»Interessierte zur Organisation führen«. Das ist das Ziel, wer einmal drinnen ist, wird in eine Karteikarte eingetragen, so wie das andere Gruppen mit Mitgliedern tun. Der »große Bruder«, oder die »Mutter« ist ständig dabei und entfremdet gleichzeitig echte fleischliche Brüder oder Mütter:

Die Gruppe grenzt sich von der übrigen Welt ab und nimmt eine strenge Reglementierung zwischenmenschlicher Beziehungen vor.

Bei der Beratung ehemaliger ZJ erlebe ich immer wieder, wie tragisch sich das in dieser »gottgeführten« Organisation auswirken kann. Erst vor einigen Tagen rief mich eine ehemalige Zeugin aus Saarbrücken an. Sie hat vor einigen Jahren freiwillig, gemeinsam mit ihrer Tochter, die WTG verlassen. Von »Meinungspolizisten« der Organisation befragt, haben sich Mutter und Tochter nicht loyal zum Sklaven bekannt. Wir wissen, was folgt, eine »Sichtung« wurde fällig. Danach weiß der »Gesichtete« genau, ob er unter seinen Mitverbundenen einen Freund hat, in unserem Fall, ob er noch einen Sohn hat. Der Sohn dieser Frau blieb bei der WTG und hat – treu und gehorsam – den Kontakt zu Mutter und Schwester abgebrochen. Seine Frau ist ebenfalls eine »reife Schwester«. Diese drängte zum Umzug in eine andere Stadt. Selbstverständlich ohne Zurücklassung von Adresse oder Telefonnummer an die abtrünnigen Verwandten. Nun glaube niemand, dies sei nur ein Einzelfall. Da diese – nach wie vor gläubige – Frau, schon betagt und krank ist, will sie noch einiges zu ihrer Lebzeit regeln. Mit Mühe, über die Arbeitsstätte des Sohnes, nahm sie Kontakt mit diesem auf und bat um eine Aussprache. Diese kam dann in einer Bahnhofsgaststätte zustande. Vor der Schwiegertochter wurde dieses Treffen verheimlicht, aus Angst vor dem Komitee. Trifft sich ihr Mann doch verbotenerweise mit seiner exkommunizierten Mutter. Das kann disziplinarische Folgen haben. Kürzlich erkundigte sich diese Mutter nach längerer Zeit nach dem Enkel, von dem sie seit Jahren nicht einmal ein Foto zu Gesicht bekam. Auf die Frage, wann sie wieder ihren Sohn anrufen »darf«, kam die Antwort »vielleicht in einem Jahr«. Nach Hinweis, sie könnte in einem Jahr möglicherweise nicht mehr leben, murmelte er nur ein »mmmh« und brach danach das Gespräch ab. Sie fragte mich am Telefon: »Ist denn eine solche Gemeinschaft noch in die Kategorie ›christlich‹ einzuordnen?«

Nun folgt dieser »gute christliche« Sohn konsequent und gehorsam den Direktiven »seiner« Mutter, da hat eine andere keinen Platz. Die echte ist für ihn nicht nur zu einer Fremden geworden, eigentlich behindert sie ihn auf seinem Weg:

> Die Gruppe will, daß Du alle »alten« Beziehungen abbrichst, weil sie Deine Entwicklung behindern.

Dieser Kadavergehorsam verändert die Persönlichkeit des einzelnen total. Wer in einer solchen Gruppe integriert ist, unterdrückt nach und nach sein Gewissen. Dieses reagiert weder auf Unbarmherzigkeit noch auf eine andere Regung des Herzens. Barmherzigkeit und Liebe verkümmern. Nun bestimmt die Organisation das Verhalten des Gebundenen. Kein Komitee, kein Vorstand, oder wie solche Gremien sonst noch heißen, haben ein unabhängiges Gewissen. Daraus folgt, daß nicht mehr nach menschlichen, sondern nach sachlichen und zweckdienlichen Interessen entschieden wird.

Es ist auch nicht verwunderlich, daß die WTG mit Leidenschaft trachtet, sich durch Monumente zu verewigen. Das können »Zahlen-Monumente« in Form von eindrucksvollen »Dienst-Berichts-Tabellen« sein, in denen gezeigt wird, was »wir« alles leisten. Dazu gehören auch die bombastischen »Bauvorhaben«, die großen modernen Druckereien und Büros, in denen Tausende ZJ für »einen Apfel und ein Ei« arbeiten. Fleury meinte einmal, die kaufen sich noch ganz Brooklyn. Ich machte mir ein persönliches Bild davon und sah mir anläßlich einer USA-Geschäftsreise die Gebäudekomplexe an. Da dachte ich despektierlich: »Also so sehen ihre Denkmäler aus«. Einerseits wird gegen den sündigen Materialismus gewettert, andererseits wird der »Götze Organisation« mit Grundstücken und Gebäuden im sündteuren New York »gefüttert«.

Über Internet hat Stephan Wolf in seiner »InfoLink« vom Reichtum der WTG berichtet. Im englischsprachigen Raum ist die renommierte Kredit-Auskunftei »Dun&Bradstreet« als seriös bekannt. Diese hat den Umsatz der WTG für New York im Jahre 1991 mit 1,248.000.000 Dollar ausgewiesen. Kostenlose eifrige Verkündiger bringen bei ihrer »Ochsentour« leicht Milliardenumsätze herein.

»Anstandspolizisten« überwachen das Gottesvolk

> Dein Sexualverhalten wird Dir exakt vorgeschrieben, etwa Partnerwahl durch die Leitung, Gruppensex oder auch totale Enthaltsamkeit.

Bei der WTG trifft das nur bedingt zu. »Partnerwahl« geschieht innerhalb der Organisation, nur dort gibt es die echten Christen. Heiratet ein »Ältester« außerhalb, selbst wenn er eine bekennende Christin liebt, nützt das nichts, im Nu ist er alle »Vorrechte« in der Versammlung los, natürlich auch das Ältestenamt. Noch immer wird den reisenden Missionaren – den Pionieren – empfohlen, ledig zu bleiben, bei völliger sexueller Enthaltsamkeit.

Nachdem ich in der Versammlungs-Hierarchie, ohne persönliches Zutun, immer mehr Vorrechte zugewiesen bekam, lernte ich die Struktur dieser Organisation von innen her besser kennen. Da öffneten sich Blicke hinter die Kulissen. Während die Bibel die »Freiheit der Kinder Gottes« preist (Röm 8,21), ist Unfreiheit ein deutliches Kennzeichen diktatorischer Gemeinschaften. Eine selbsternannte »Leitende Körperschaft« bestimmt das Leben eines ZJ. Wenn es allein nur um zwingend vorgeschriebene Bibelauslegungen ginge. Nein, das genügt nicht. Die »Meinungspolizisten« in Brooklyn sorgen sich um das »moralisch einwandfreie Volk Gottes«. Daher brauchen sie »Moralpolizisten«: die ergebenen Ältesten.

In alter Zeit, beim Volk Israel, beklagte sich Gott Jahwe schon über die rigorosen Vorschriften der damaligen Meinungsmacher. Im Buch Jesaja wird das deutlich, als den Führern vorgeworfen wurde (28,10), daß sie das Volk unterdrücken und ihnen »Gebot auf Gebot, Vorschrift auf Vorschrift« auferlegen. Solche strengen Verhaltensweisen werden allgemein mit dem Begriff »Machtmißbrauch« in Zusammenhang gebracht. Macht ist die beste Möglichkeit, Menschen abhängig zu machen. Die mir bei den ZJ zugewiesenen »Dienstvorrechte« machten mich zum Diener eines totalitären Systems, das unterdrückt und ihre Helfershelfer anwies, ebenfalls ihre »Schutzbefohlenen« zu unterdrücken. Nachdem ich auf der »theokratischen« Leiter nach oben kam, hatte ich für einige Jahre das Amt eines stellvertretenden Versammlungsaufsehers inne. Dieser hieß früher »Hilfsversammlungsdiener«, heute heißt der sehr »biblisch«: »Sekretär«.

Gleichzeitig und automatisch gehörte ich zum Dreimännergremium, dem »Komitee«. Dieses amtiert wie ein Wächter über die Mitsklaven. Der große »verständige Sklave« in USA füttert die führenden Organe der einzelnen Versammlungen mit immer neuen und überarbeiteten Vorschriften. Für Kleingeister im Komitee gab es viel Gelegenheit, sich als echte Funktionäre zu erweisen. Da können manche ihren Appetit auf abhängige Menschen stillen. Zu meiner Aufgabe gehörte es, die Verkündiger in Karteien zu erfassen. Müde Prediger werden »ermuntert«, wenigstens ein Minimum an Predigteinsatz zu »berichten«. Dabei wird betreut, verwaltet, statistisch bewertet und erfaßt. Beim Besuch des Kreisaufsehers wird das genau geprüft und die Fortbzw. Rückschritte der Versammlung danach beurteilt. Es geht nicht sosehr um die Befindlichkeit der Menschen an sich, sondern um ihre Verwertbarkeit. Sind diese nach Ermunterungen und Ermahnungen nicht mehr nutzbar, dann wird die Karteikarte einfach entfernt. Gelöscht und bald vergessen, so erlebte ich oft den Abgang von meinen Glaubensbrüdern und -schwestern.

Kurt, mein Versammlungsaufseher, war in der »Theokratie« sehr eifrig. Im Beruf hatte er anstrengende Arbeit zu verrichten. Kam er abends nach Hause, entledigte er sich seiner Arbeitskleidung und setzte sich mit Wohlgefühl an den Schreibtisch, um Versammlungsangelegenheiten zu erledigen. Christsein bei den ZJ ist mit viel Arbeit verbunden. Die Arbeit gilt als für Jehova getan, es ist, wie schon erwähnt, ein »Vorrecht«, das nicht jedem zuteil wird. Als wir für einen Kongreß einmal einen Helfer brauchten, riefen wir einen geeigneten Bruder an. Als der hörte, wir hätten für ihn ein Vorrecht, stöhnte er auf und meinte: »Eure Vorrechte kenne ich schon, sicherlich habt ihr wieder eine Menge Arbeit für mich«. Wir widersprachen ihm nicht.

Da keiner Mut hat, »nein« zu sagen, werden die Lasten auf den Schultern immer schwerer. Obwohl Kurt, aufgrund der Überlastungen, einen Nervenzusammenbruch erlitten hatte, war er nicht zu bremsen. Dies zu meinem Leidwesen, denn ich wurde immer mehr mit allen möglichen Arbeiten eingedeckt. Mein Beruf brachte es mit sich, daß ich oft geschäftlich unterwegs war. Solche Reisen sehnte ich herbei, um endlich wieder Zeit für mich zu haben.

Für die Zusammenkünfte gab es viel Vorbereitungsarbeiten. In der »Dienstzusammenkunft« werden die Verkündiger für den Dienst »im Feld« trainiert. Stereotype Ansprachen werden aus dem monatlichen Mitteilungsblatt »Unser Königreichsdienst« eingelernt und bei den Zusammenkünften vorgetragen. Ich kann aber bestätigen, daß die ZJ-Redner in der »Theokratischen Predigtdienstschule« eine gute Ausbildung erhalten. Da wird auf alles geachtet. Richard besuchte in Salzburg einen Managementkurs. Als er zurückkam, meinte er nur, die weite Reise hätte er sich sparen können. Denn praktisch und taktisch wird kaum mehr gelehrt, als in der theokratischen Schule.

Viele Entscheidungen und Urteile mußte ich treffen bzw. fällen. Das beanspruchte mich sehr, stärkte gleichzeitig mein Beurteilungsvermögen. Letzteres wurde mir fortschreitend zur Belastung. Als »Glieder des Komitees« – wie es offiziell hieß – hatten wir auf die »Reinheit« der Versammlung zu achten. So hörten und lasen wir es immer wieder in den WT-Vorschriften.

Inzwischen hatte sich die Gesellschaft auch den Titel »Wächter-Klasse« zugelegt, wir Leute vom Komitee waren dann die Wächter über das »Wohl« der anvertrauten Schäfchen.

Eines Tages rief mich Kurt an, er meinte, wir müßten als Komitee einschreiten. In einem aktuellen WT wurde das Glücksspiel gebrandmarkt, dort hieß es, dies sei »Betrug«. Mir leuchtete die Logik dieser Argumentation zwar nicht ein, aber gemäß den neuen Anweisungen herrschte für uns akuter Handlungsbedarf. Schwester K. war Besitzerin eines Tabakladens, in dem sie außer Tabakwaren und Zeitungen auch Lottolose vertrieb. Das müsse sie aufgeben, meinte Kurt zu mir und vereinbarte eine Unterredung in ihrer Wohnung. Ich war gespannt, wie Kurt den Fall lösen würde. Er kam gleich zur Sache, die Schwester bekam plötzlich eine überraschte Miene. Sie hatte nämlich einen anderen Grund zur Klage erwartet.

Für ZJ ist beispielsweise Rauchen ein schweres Delikt und wird, wie Ehebruch oder Empfang einer Bluttransfusion, mit Ausschluß bestraft. Schwester K. bekannte, daß sie sich schon längst Gewissensbisse wegen des Verkaufs der Tabakwaren machte. Über Verkauf von Lottolosen hatte sie sich jedoch nie Gedanken gemacht. Daß wir sie aber deswegen aufsuchten, überraschte sie sehr. Nun begann Kurt, ihr langatmig die WT-Erklärung mit dem Begriff »Betrug« begreiflich zu machen. Sie schüttelte immer wieder den Kopf und meinte nur, sie arbeite doch nicht mit Fußangeln oder ähnlichem, um so ihre »Opfer« in den Laden zu locken und dann zu zwingen, Lottoscheine zu kaufen. Damals spürte ich deutlich, daß die ganze Argumentation der »Wächter-Klasse« auf tönernen Füßen steht, und hatte daher ein mulmiges Gefühl. Schwester K. bekam noch von Kurt eine Ermahnung verpaßt, bald das betrügerische Lottogeschäft aufzugeben. Sie löste nach einiger Zeit das Problem, indem sie den ganzen Laden verpachtete. Damit gab sich Kurt schließlich zufrieden. Ich war froh, daß keine Verurteilung erfolgte.

Zu Schwester K., einer sehr intelligenten Frau, fällt mir noch eine Begebenheit ein. Jeden Montagabend leitete ich ein »Versammlungsbuchstudium«, das war immer gut besucht. Dort wurde in der typischen Weise der WTG ein bestimmtes Buch – oft mit »neuem Licht« – mittels Frage und Antwort durchgearbeitet. In dem Buch gab es auch die lachhafte Auslegung, daß gewisse Ereignisse und Begebenheiten aus Berichten in den

»hebräischen Schriften« – gemeint ist das »Alte Testament« – in der heutigen Zeit eine größere Erfüllung haben. Nach den Vorstellungen der WTG lebten und handelten viele Personen in alter Zeit scheinbar nur, um im 20. Jahrhundert unserer Zeit für ZJ und ihrer Organisation ein »Vorbild« abzugeben.

Diese Auslegungen konnte ich nie richtig schlucken. Bei den Vorbereitungen für das Buchstudium fiel mir dazu eine sehr gewagte Auslegung auf. Da standen die bekannten AT-Propheten Elia und Elisa im Mittelpunkt. Die beiden waren gemäß dem WT-Buch »Vorbilder« für zwei Präsidenten der WTG. Rutherford wurde durch Elia »vorgeschattet« und Knorr durch Elisa. Also namhafte Propheten der Bibel schatten zwei Präsidenten eines Buch- und Zeitschriftenverlages vor! Ich war entschlossen, im Buchstudium diese zweifelhafte Theorie schnell zu übergehen. Da hatte ich aber die »Rechnung« ohne Schwester K. gemacht. Als besagter Abschnitt dran war, hob sie folgsam die Hand. Da wußte ich sofort, was nun kommen würde. Mit todernster Miene stellte sie die Frage: wie könne man eigentlich so eine Ansicht oder Behauptung beweisen? Die anderen Anwesenden blickten gespannt zu mir, wie ich wohl reagieren würde. Da setzte ich ein überlegenes Lächeln auf und meinte nur: »Welche Antwort erwartest du jetzt von mir, Schwester K.?«, sie lächelte zurück und sagte spitz: »Danke, das genügt!« Das wurde von allen schmunzelnd quittiert. Dieses Erlebnis trug zum Aufbruch in Richtung Freiheit mit bei. In der Folgezeit standen die Buchinhalte nicht mehr so sehr im Mittelpunkt. Nun wurde mehr die Bibel studiert. Oft reichte die »vorgeschriebene« eine Stunde nicht mehr aus, suchten wir einen bestimmten Bibeltext, dann blieben wir einfach sitzen und durchblätterten die Bibel. Das wurde auch der Versammlung bekannt. Einige Personen schafften es, diesem Buchstudium zugewiesen zu werden. Viele hatten Freude dabei, denn ein echtes Bibelstudium schätzten alle. Das trug mir aber bei Ältesten den Ruf ein, Leiter eines »Diskussionsclubs« zu sein, da wurden die Wächter mißtrauisch. Nachdem wir versicherten, natürlich nur auf der Grundlage der WT-Literatur zu diskutieren, gaben sie sich zufrieden. Wäre diese gute Atmosphäre weiterhin erhalten geblieben, hätte ich es in dieser Organisation wahrscheinlich noch länger als 17 Jahre ausgehalten. Die »Schrauben« wurden jedoch immer stärker angezogen, daher empfand ich die folgende Zeit als ziemlich unerfreulich.

Schnüffelei bis ins Schlafzimmer

Wie schon gezeigt, wird in autoritären Gruppen das Sexualverhalten der Mitverbundenen genau kontrolliert. Ordnung muß schließlich sein! Waren die sexuellen Verhaltensweisen in meiner Zeit als ZJ, wie erwähnt, darauf beschränkt, nicht zu masturbieren, kein »petting« – und mehr – mit der Freundin oder Verlobten zu »treiben«, ist inzwischen die Moral der ZJ weit moralischer geworden. Da läßt sich die USA-»Mutter« immer neue Feinheiten einfallen. Intern muß ein »Ältester« einen »Moralkodex« einstudieren, diesen gibt es in Form vertraulicher Bücher. Der einfache Verkündiger bekommt diese nie zu Gesicht. Jetzt kann ein Ältester Sexdetails kennenlernen, von denen er vordem vielleicht nicht die geringste Ahnung hatte. Es trägt wahrscheinlich zur enormen Beflügelung der Phantasie von Ältesten bei.

Nun könnte auch ich in Verdacht geraten, den WT-Leuten nur »moralinsaure« Motive unterschieben zu wollen. Gerade nachfolgende Details zeigen deutlich, daß die WTG schamlos in jede Intimsphäre einbricht.

Wie die WTG auf gute Moral achtet, überschreitet die Grenzen der Zumutbarkeit. Wer nun annimmt, ich würde stark übertreiben, sehe sich nachfolgende Auszüge aus einem Geheimbuch der WTG an. Eines der Handbücher für Älteste trägt den Titel: »Gebt acht auf euch selbst und auf die ganze Herde«. Dieses ist in 5 Gruppen unterteilt und behandelt verschiedene »Delikte«. Solch ein Buch wird in manchen Punkten den Vorschriften des jüdischen Talmud ähnlich sein. Die Teile 1–4 behandeln die Aufgaben der Ältesten in ihren verschiedenen Funktionen. Teil 5 trägt eine bezeichnende Überschrift: »Aufseher, die für das Recht herrschen«. Dann kommt: »Macht euren Brüdern bewußt, daß sie für die Reinerhaltung der Versammlung Verantwortung tragen«. Natürlich ist das bis zu einem gewissen Grad zulässig, aber gehen nachfolgende Moralvorschriften nicht doch zu weit?:

> Porneia betrifft den unsittlichen Gebrauch der Geschlechtsorgane mindestens einer Person. (...) Dazu gehören oraler und analer Geschlechtsverkehr oder gegenseitige Masturbation unter Personen, die nicht miteinander verheiratet sind, Homosexualität, Lesbianismus, Hurerei, Ehebruch, Inzest und Sodomie. (...) Vorsätzliches und gewohnheitsmäßiges leidenschaftliches Petting sowie vorsätzliches und gewohnheitsmäßiges Streicheln der Brüste können Formen von zügellosem Wandel sein.

Scheinbar sind den WTG-Wächtern die letzten Sätze zu unverbindlich, viel zu liberal. In einem Schreiben vom 18.10.1995 erfolgte eine Revision und Verschärfung der »Paragraphen«. Da sollen die Ältesten die erweiterten Vorschriften in ihrer alten Fassung einfach überkleben. U.a. wurde der »Streichel-Paragraph« verschärft, ein »können« wie im ursprünglichen Text schien den Tugendwächtern zu unverbindlich. Nun ist das aber *eindeutige* Unmoral!

> Dazu gehört unter anderem vorsätzliches, wiederholtes und leidenschaftliches erotisches Umarmen, Liebkosen und Küssen oder vorsätzliches und wiederholtes Streicheln der Brüste.

Im Teil 5 dieses Buches geht es in dieser Tonart weiter. Viele christliche Zeugen müssen offensichtlich noch aufgeklärt werden, womit Unmoral ihren Anfang nimmt. Obwohl das amerikanische Volk sicherlich aufgeschlossen ist, scheint dort der heuchlerische Puritanismus, der aus solchen Zeilen spricht, typisch für »echte Christen« zu sein. Seite 92:

> Unreinheit schließt das absichtliche flüchtige Berühren der Geschlechtsteile oder Streicheln der Brüste ein (1 Thess 4:7,8; 1 Tim 5:1,2).

Wer sich der Mühe unterzieht, letztgenannte Bibelstellen nachzulesen, wird nur verständnislos den Kopf schütteln können.

Mit keiner Silbe wird etwas erwähnt, was irgendwie auf »flüchtiges Berühren« u. dgl. hindeuten würde. Diese Texte lassen Zweifel aufkommen, ob der betreffende Textverfasser folgerichtig zu denken vermag. In weiteren Seiten des Buches kommen noch Wörter wie: »Kopulation, Penetration, Orgasmus« usw. vor. Die strengen Gebote gehen noch über etliche Seiten.

Zu den Verboten gehört auch das Feiern von Festen. Da denken die Wächter sicherlich an Weihnachtsfeste, Ostern, aber auch an harmlose Geburtstagsfeiern. Noch ein »netter« Satz folgt: »Selbst wenn du den Eindruck hast, dein Rat reiche aus, um den Betreffenden wiederherzustellen, ist es angebracht, den vorsitzführenden Aufseher zu informieren; vielleicht spielen noch andere Faktoren eine Rolle.« Hier wird doch eindeutig Denunziantentum erwartet. Im Normalfall befindet sich im Schlafzimmer doch kein Schnüffler. Da bleibt entweder »Schlüssellochguck«, oder Selbstanzeige der Unmoralischen. Diese Moralpolizisten könnten sich die Bezeichnung »Sonderermittler« zulegen.

Wenn ich an meine ZJ Zeit zurückdenke, fallen mir einige Kleingeister ein, die dem Sklaven völlig ergeben waren. Und gerade solche sollen ihre Mitbrüder »wiederherstellen«? Dieses Wort ähnelt stark an einen Service in der Werkstätte.

Wie steht es mit der Diskretion? Sie ist nur dann angebracht, wenn es populäre Brüder betrifft, die zusätzlich noch die gute Eigenschaft haben, über dicke Brieftaschen zu verfügen. Einschlägige Fälle sind bekannt. Normalerweise soll gehorsam »informiert« werden, Geschwätz ist häufig die Folge. Wie weit dieses Informieren gehen kann, zeigt der WT im Fall einer Angestellten eines Krankenhauses:

> *»Eine Zeit zum Reden« – Wann?:* MARIA arbeitet als medizinisch-technische Assistentin in einem Krankenhaus. Sie ist verpflichtet, was sie beruflich erfährt oder beobachtet, als Berufsgeheimnis zu wahren. Auch muß sie dafür sorgen, daß schriftliche Unterlagen und andere Informationen über Patienten nicht an unbefugte Personen weitergegeben werden. (WT, 1.9.1987, S. 12-14)

So weit, so gut. Aber bei den WT-Leuten herrschen, wie gezeigt, andere Gesetze. Der Bericht geht weiter:

Eines Tages saß Maria in einer Zwickmühle. Als sie Krankenberichte bearbeitete, stieß sie auf eine Information, die besagte, daß eine Patientin, eine Mitchristin, eine Abtreibung vornehmen ließ. (...)

In diesem Fall besaß Maria aber noch andere bedeutsame Informationen. Sie wußte zum Beispiel, daß die Schwester die Rechnung bezahlt und damit bestätigt hatte, daß sie die darauf vermerkten Dienste empfangen hatte. Auch wußte Maria, daß die Schwester unverheiratet war, was bedeutete, daß allem Anschein nach sogar Hurerei vorlag.

Maria fürchtete erst ein bißchen die rechtlichen Konsequenzen, doch dann kam sie zu der Überzeugung, daß in diesem Fall die biblischen Grundsätze mehr Gewicht hatten als die Forderung, die ärztlichen Unterlagen vertraulich zu behandeln. Sie sagte sich, daß die Schwester ihr sicherlich nicht grollen und nicht versuchen würde, sich zu rächen, indem sie sie anzeigen würde.

Entscheidungen für ein späteres höheres – nämlich himmlisches – Gericht wurden schon vorweggenommen.

Mittels ZJ-Schulung zum Werbeleiter

Die Gruppe füllt Deine gesamte Zeit mit Aufgaben: Verkauf von Büchern oder Zeitungen, Werben neuer Mitglieder, Besuch von Kursen, Meditation (...)

Für Meditation gibt es ebensowenig einen Zeitrahmen wie für praktische Hilfe an Menschen, weil allein die Schulung der WT-Verbreiter und Werber allzuviel Zeit beansprucht. Es wäre ungerecht von mir, würde ich die Zeit als ZJ als unnütz darstellen. Ich will nicht verschweigen, daß die Schulung mir auch berufliche Vorteile brachte, was kaum von der WTG beabsichtigt war. In meinem grafischen Betrieb suchte die Firmenleitung nach einem Außendienstmitarbeiter, der auch neue Kunden »aufreißen« kann. Der Betriebsleiter wußte von meiner Predigttätigkeit von Haus zu Haus. Daher sprach er mich an, ob ich mir nicht auch zutraue, bei verschiedenen Firmen wegen neuer Aufträge vorzusprechen. Natürlich war ich sofort bereit. Da merkte ich erst, wie mühelos eigentlich das »Hausieren« in Firmen und Werbeabteilungen war, verglichen mit dem harten Prediger-Job von Tür zu Tür.

Etwa ein Jahr danach sprach mich bei einer Zusammenkunft ein prominenter Bruder an, der ein gutgehendes Unternehmen aufgebaut und es inzwischen zum Millionär gebracht hatte. Er war auf der Suche nach einem geeigneten Werbefachmann. Er hatte gehört, daß ich dafür etwas Fachwissen einbringen könne, und wolle mich für diesen Job anwerben. Heute bewundere ich noch meinen Mut, sofort den Berufswechsel vorgenommen zu haben. Tatsächlich konnte ich in den nachfolgenden 26 Jahren als Werbeleiter viel von der Werbetaktik und dem Selbstbewußtsein nutzen, das ich durch das ausgiebige ZJ-Training erworben hatte.

Viel wichtiger war jedoch die Begegnung mit führenden Brüdern aus der WTG, die im fortgeschrittenen Alter und vielen Jahren »Dienst für den Sklaven« die Nase voll hatten und dann in unserer Firma noch ein »Asyl« fanden. Die Erfahrungen, die ich dadurch machte, sowie die Blicke hinter die WTG-Kulissen haben mein Verweilen in der Organisation Jehovas entscheidend verkürzt. Aber vorher muß ich noch ein kleines Geheimnis loswerden, das ich normalerweise für mich behalte.

Im »theokratischen Geheimdienst«

Die Schriften aus dem WTG-Verlag werden bekanntlich als »Speise zur rechten Zeit« (Mt 24,45) bezeichnet. Die weltweite Verbreitung geschieht in Millionenauflage. Diese »Speise« soll nicht nur gelesen, sie muß »studiert« werden. Die Erwartung seitens der Führung in Brooklyn sieht ungefähr so aus: Die Verbreiter sollen jeden WT zuerst selbst lesen. Die Hauptartikel müssen einstudiert werden, um für das wöchentliche WT-Studium gut vorbereitet zu sein. Praktisch bedeutet das, zu jeder abgedruckten Frage im betreffenden Absatz die Antwort zu unterstreichen. Beim WT-Studium in den Zusammenkünften werden diese Fragen nochmals gestellt, und die Anwesenden sollen diese beantworten. Nachdem der WT-Studienleiter bestimmte Gedanken hervorgehoben hat, wird der Absatz laut vorgelesen. Wie wir schon gesehen haben, wird dabei mit Ansichten und Auslegungen der Bibel großzügig umgegangen. Oft hat man das Gefühl, die Artikelschreiber in Brooklyn denken sich irgend etwas aus, schreiben das nieder, und danach suchen sie in der Bibel nach bestätigenden Stellen. Sind diese nicht aussagekräftig oder gar unpassend, ist das weiter nicht tragisch, dann wird die Bibelstelle einfach am Ende des Abschnittes angeführt. Das Vertrauen der Zeugen in ihre Führung ist nahezu grenzenlos, so daß sich kaum jemand vergewissert, »ob es sich auch so verhielte« (Apg 17,11). Das machten zwar die bereits genannten »Beröer« gemäß dem Bericht aus der Apostelgeschichte, aber ein ZJ braucht nicht wie diese das Gelesene prüfen.

Maria, meine Lehrerin aus der ZJ-Anfangszeit, war in der Bibel gut bewandert. Es machte ihr großen Spaß, sich viele Bibelstellen zu merken, und das hat auch mich ehrgeizig gemacht, mir viele Stellen einzuprägen. Daher saßen wir oft privat zusammen und machten unser persönliches Bibelstudium. Eines Tages merkte ich, daß Maria immer häufiger abwesend war, im Ausland, wie mir ihre Tochter einmal geheimnisvoll zuflüsterte. Da wurde ich neugierig, und eines Tages fragte ich Maria rundheraus, wohin sie immer fährt. Nachdem ich ihr hoch und heilig versprach, niemandem etwas zu erzählen, kam es heraus. Sie arbeitet als geheimer »Kurier«, damit auf diese Weise die WT-Literatur hinter den »Eisernen Vorhang« gelangt. Der Leiter des Wiener Zweigbüros, Bruder Voigt – der später noch mein Arbeitskollege wird –, war damals noch dem Sklaven in Brooklyn ergeben. Österreich, als neutrales Land, war als Sprungbrett in den Osten vorzüglich geeignet. Ich fragte Maria, wie sie denn die kostbare »Speise« schmuggelt. Dieses Wort mußte ich gleich zurücknehmen, denn ein ZJ schmuggelt nicht. Dann erzählte sie, daß sie die WT-Schriften in den doppelten Boden ihrer großen Handtasche einnäht und so über die Grenze bringt. In allen kommunistischen Ländern war die Literatur der WTG streng verboten. Wurde jemand mit solchen erwischt, dann setzte es hohe Strafen. Auch dies wurde als »Beweis« göttlicher Anerkennung bewertet, denn Gottes Volk wurde ja zu allen Zeiten verfolgt.

Meine berufliche Erfahrung aus der Reproanstalt nützend, machte ich Maria den Vorschlag, die einzelnen WT-Seiten zu fotografieren, sie könne dann die kleinen Negative spielend über die Grenze bringen. Dieser Vorschlag gefiel auch Voigt, und auf einmal hatte ich das Vorrecht, Anteil zu haben, die Mitbrüder im Osten mit der »lebenswichtigen Speise« zu versorgen. Damit wurde mir bewußt, daß Vorrechte viel zusätzliche und auch gefährliche Arbeit bedeuten. Nun fotografierte ich abends stundenlang den WT, danach kam die Filmentwicklung hinzu. Auch meine Frau half mit. Ich war auf die Reaktionen der Brüder und Schwestern im Osten gespannt, wie sie mit dem Negativmaterial zurechtkämen. Sie hätten natürlich lieber die WT-Originalseiten kopiert, sahen aber ein, daß Vorsicht an der Grenze wichtig war. Die Vergrößerungen von den Negativen bereiteten ihnen Mühe. Da machte ich ihnen den Vorschlag, sie sollten sich einen Projektor zulegen und für das WT-Studium einfach die Negative an eine weiße Wand projizieren. Dieser Vorschlag kam gut an. Maria hat mir oft die Grüße »von drüben« übermittelt, und die hatten den Wunsch, mich auch persönlich kennenzulernen. Daher wurde vereinbart, daß ich auch einmal so eine »Tour« mache. Da wollte Voigt, daß ich zusätzlich noch etliche neue Bücher original »rüberbringe«. Er wußte bereits, daß auch meine Frau Kenntnis von dieser Geheimdienstarbeit hat. Daher sollte zur Tarnung eine Familienreise organisiert werden. Wir packten drei Koffer wie zu einer Weltreise und versteckten in der Wäsche die geistige Speise. Da mir immer der »Begleitschutz« durch Jehova versichert wurde, bekamen wir erst angesichts der CSSR-Grenze einiges Herzklopfen. Eine Schwester in Bratislava (Preßburg) sollte unsere Kontaktfrau sein. Vor der Grenze erlebten wir dann etwas, das wir wie einen Gottessegen empfanden. Eine mir völlig fremde Frau klopfte noch auf österreichischer Seite ans Autofenster. Sie fragte, ob wir sie über die Grenze mitnehmen könnten, sie hätte alle notwendigen Grenzpapiere dabei. Zuerst dachte ich, das würde unsere Mission komplizieren. Zu unserer Überraschung war sie den Grenzbeamten wohlbekannt. Sie kurbelte das Wagenfenster herunter und scherzte mit den Männern in fließendem Slowakisch. Ohne jede Kontrolle wurden wir freundlich vorbeigewinkt. Die Frau sagte nur lächelnd, sie habe den Grenzern erzählt, wir hätten es alle sehr eilig, daher sollen sie uns schleunigst durchlassen.

In einem Hotel, direkt an der Donau gelegen, trafen wir dann Schwester K. und erkannten sie an einem vorher vereinbarten Kennzeichen. Unser »gesegnetes« Grenzerlebnis erklärte sie dann so: »Da habt ihr sicher eine Ostagentin über die Grenze mitgenommen«. Da waren wir ja in bester Gesellschaft. Jedenfalls waren wir froh, die wertvolle Fracht so leicht loszubekommen. Welche Gefahren damit verbunden waren, wurde uns erst viel später richtig bewußt. Jedoch war dieses Erfolgserlebnis ein starker Impuls, wieder alle aufkeimenden Zweifel an der WTG zu verdrängen. Wir waren sehr stolz, für die Sache Jehovas unsere Freiheit mit aufs Spiel gesetzt zu haben. Meine Geschäftsreisen führten oft in die Oststaaten. Interessanterweise beeinflußten gerade diese Reisen stark meine Einstellung zur WTG.

Gemeinsames von ZJ und DDR: Die gebogene Wahrheit

Unsere Firma beteiligte sich regelmäßig an der »Leipziger Messe« in der ehemaligen DDR. Bei Gesprächen mit dortigen Geschäftspartnern fanden meine Frau und ich gewisse Parallelen der Argumentation regimetreuer Menschen und der in unserer Gemeinschaft. Ob es die allgegenwärtigen Werbesprüche waren oder die strenge Abschirmung zu anderen Meinungen, alles Praktiken, die uns sehr vertraut erschienen. Einen DDR-Spruch habe ich heute noch im Gedächtnis: »Die Freundschaft mit der Sowjetunion ist so wichtig wie der Herzschlag in unserem Leben!« Einige DDR-Bürger, die wir gut kannten, versicherten, daß sie solche blöden Texte nie lesen würden. In Gesprächen mit meiner Frau stellten wir oft Vergleiche mit ähnlich klingenden Sprüchen unseres Sklaven an. Diese Gemeinsamkeiten gaben uns zu denken, gleichzeitig führten sie zu einem schlechten Gewissen. Wir waren innerlich doch sehr zerrissen. Bei den Abendgebeten bat ich Jehova Gott, er möge mir solche lästerlichen Vergleiche verzeihen.

Wir hatten das große Glück, mit Richard und Hans auch über solche Überlegungen sprechen zu dürfen. Das waren natürlich vertrauliche Gespräche. Kam uns dabei ein linientreuer Zeuge zu nahe, flüsterten wir nur: »Achtung, Feind hört mit!«

Während die DDR noch auf ihre Wende wartete, für uns rückte sie immer näher. Gerade Funktionäre der Einheitspartei in Ostdeutschland förderten unbewußt mein Mißtrauen gegen Gleichmacherei und Unterdrückung, wo auch immer diese praktiziert wurden. Ich hatte eine kurze Ausbildung zum Kameramann absolviert und reiste dann in verschiedene Länder, um unsere Gleisbaumaschinen zu filmen. In den Ostländern gab es besondere Einschränkungen, so durften u.a. keine Brücken oder Gleisanlagen abgelichtet werden. Eine Maschine sollte auf den Gleisanlagen des Kohlereviers »Schwarze Pumpe« gefilmt werden. Dazu mußte ich ein Kamerateam aus Ostberlin engagieren, das mir vom Ministerium für Verkehr zugewiesen wurde. Dieses bestand aus sechs Personen. Es gab einen Riesenaufwand mit Regisseur und Assistent. Die Gespräche mit diesen waren aber recht freundschaftlich. Abends saßen wir oft noch gemütlich beisammen. An einem dieser Abende bat mich der Regisseur um ein vertrauliches Gespräch. Er nannte auch gleich den Grund. Als führendes Mitglied der SED gehörte es zu seinen Aufgaben, durch Befragungen herauszufinden, wie Menschen aus dem westlichen Ausland die DDR beurteilen. Er versicherte glaubhaft, daß ich nichts zu befürchten hätte. Die Ergebnisse solcher Befragung würden Donnerstag abend, in der Parteisitzung, ausgewertet. Ich hatte Vertrauen zu dem Mann und war froh, endlich über meinen Frust erzählen zu können. Die »Unfreiheit« stellte ich in den Mittelpunkt meiner Beschwerden. Die Antworten dieses Funktionärs kamen mir bald bekannt vor, weil ich im Predigtdienst oft in ähnlicher Weise antwortete. Natürlich mit etwas anderen Vorgaben. Hier war nämlich der bullige SED-Mann mein Opfer, den ich genüßlich »zerlegen« konnte. Im Felddienst machen dies die Leute mit mir. Auch er gab einstudierte Antworten und versuchte, unangenehmen Tatsachen auszuweichen. Siehe da, die gleiche Taktik wie bei unserer theokratischen Schulung, so ging es mir durch den Sinn. Dazu ein Beispiel:

Im Predigtdienst kommt häufig die Frage: »Warum glaubt Ihre Sekte eigentlich, nur sie allein sei von Gott gebraucht und nur ihre Leute würden von Gott gerettet werden?« Dann kommt die stereotype Antwort, etwa so: »Wir können nicht wissen, wie Jehova dies beurteilt, die Errettung der Menschen liegt nicht bei uns, sondern nur in seiner Hand«. Das klingt vordergründig einleuchtend, und der Gesprächspartner mag denken, das ist eine vernünftige Einstellung. Darin spiegelt sich die doppelzüngige Sprache der WTG wider: für Außenstehende wird häufig direkt das Gegenteil von dem ausgedrückt, was intern als »Gesetz« gilt. Dem darf man nicht ungestraft widersprechen. Die WT-Organisation vermittelt die Überzeugung: nur sie allein wird von Gott gebraucht und geleitet. Es gibt nur eine Einbahnstraße ins künftige Paradies. Dieses Ziel kann nur der erreichen, der sich dem geeinten »Volk Gottes« anschließt und gehorsam dem von Christus eingesetzten Sklaven folgt. Es wird auch immer betont, dieses Volk befinde sich bereits in einem »geistigen Paradies«, sie sind anderen Christen weit voraus.

Auch die Funktionäre in der DDR hatten das Gefühl, in einem Arbeiter- und Bauernparadies zu leben und glücklichen Zeiten entgegenzugehen.

Ich riß den Herrn Regisseur aus seinen politischen Träumereien. So kam ich auch auf die unangenehmen Formalitäten an der Grenze zu sprechen. Er hatte kaum eine Ahnung davon, was sich dort abspielt. Ich geriet ins Schwärmen über die angenehmen Zustände im freien Österreich. Wie sich doch die Bilder gleichen. Hier der Genosse Regisseur auf der einen, da der Bruder Zeuge auf der anderen Seite. Zwei »Apparatschiks«. Hier die alleinbeglückende Partei, dort die alleinrettende Organisation. Ohne rot zu werden, wird gelogen und die Wahrheit gebogen. Wer die Partei oder die Organisation angreift, greift direkt in deren Augapfel. Auch die »Bestrafung« hat Ähnlichkeiten. Wer sich nicht anpassen will, wird schnell unbequem. Wer eigene Entscheidungen trifft und nicht den Anweisungen der Oberen folgt, erfüllt nicht die erwarteten Normen. Das kostet oft die Stelle, den Posten, zumindest den guten Ruf. Oder theokratische Dienstämter.

Chronik meiner Wandlung

Wachsende Zweifel

> Wenn Du zweifelst, wenn sich der versprochene Erfolg nicht ein-
> stellt, bist Du »selbst schuld«, weil Du Dich nicht genug einsetzt
> oder weil Du nicht stark genug glaubst.

Meine Flucht aus den Schuldgefühlen verband ich mit der
Flucht vor Versammlungsbesuchen. Da ein »Bruder« mein Ar-
beitgeber war, hatten die Ältesten auch Verständnis, daß ich
geschäftlich viel unterwegs war.

Bei einem Messebesuch in Leipzig sah ich ein Buch von
einem DDR-Verlag mit dem Titel: »Die Zeugen Jehovas«. Wie
zur Zeit des »dritten Reiches«, als das Abhören eines Feind-
senders tödlich sein konnte, so ist auch ZJ verboten, »Schmäh-
schriften« zu lesen. Was konnte in der DDR schon Schlimmes
gegen »die Wahrheit« gesagt werden, dachte ich. Das Buch
enthielt eine geschickt gemachte Dokumentation über all die
mißglückten Vorhersagen der WTG im Laufe der Jahrzehnte.
Einen großen Schreck bekam ich, als die Strategie der WTG
beschrieben wurde, die »sozialistischen Länder« zu unterwan-
dern. So hieß es, die ZJ arbeiten mit illegalen Methoden, diese
»wurden für geheime Nachrichten- und Kuriertätigkeiten im
Interesse der Untergrundorganisation ausgenutzt«, hieß es wörtlich. Besonders hat mich dann die Abbildung eines Apparates
zur Projektion der eingeschleusten Filmmaterialien erschreckt:
Da wurde irgendwo ein geheimer Partner – ein »Informeller
Mitarbeiter« der WTG könnte man sagen – erwischt. Meine
Projektormethode war aufgedeckt. Damals beendete ich auch
meine »Agententätigkeit«, ich vertraute nicht mehr darauf, daß
Gott das alles gutheißt. Gleichzeitig gab ich die meisten Ämter
in der Versammlung auf. Die Dokumente des DDR-Buches
zeigten bei mir Wirkung.

Mit Richard besuchten wir im Predigtdienst häufig eine
Gruppe von Studenten, die vor der Promotion in Philosophie

bzw. Psychologie standen. Erst später erfuhren wir, daß wir für sie Experimentierobjekte waren. Sie lasen die WT-Schriften, die wir ihnen zurückließen, sehr aufmerksam, um uns mit Hilfe dieser bloßzustellen. Richard ist ein guter Debattenredner, aber diesen Kerlen waren wir nicht gewachsen. Einer sagte ganz offen, sie lernen an der Universität die Methode, bei Gesprächspartnern zuerst die »Wunden« herauszufinden, um dann darin kräftig zu bohren. Und wie sie bohrten! »Wieso können Sie alles so blind glauben, was da in ihren ›Heftln‹ (die WT-Hefte) steht? Hat man Ihnen dort völlig den Verstand geraubt?« So etwa wurde gebohrt. Das tat ziemlich weh. Auf den Heimwegen fühlten wir uns dann wie zerstört, denn die fanden in unseren vermeintlichen Heiligtümern genug Wunden. Einer der Studenten machte gerade seine Doktorarbeit, darin ging es um den Philosophen Immanuel Kant. Er las uns einmal eine Passage aus dessen Werken vor, wobei er diese mit den gewagten Behauptungen im WT in Zusammenhang brachte. Kant definiert Formen der Lügen so:

> Eine Lüge aber, sie mag innerlich oder äußerlich sein, ist zwiefacher Art:
> 1. Wenn man das für wahr ausgibt, dessen man sich doch als unwahr bewußt ist.
> 2. Wenn man etwas für gewiß ausgibt, obwohl man sich bewußt ist, subjektiv ungewiß zu sein.

»Eure Einflüsterer belügen Euch doch nach Strich und Faden mit all ihrer Selbstherrlichkeit«, bekamen wir da zu hören. Wir spürten die Wirkung, ähnlich einem Boxer nach gezieltem Schlag auf den Solarplexus.

> Diese Gruppe verlangt strikte Befolgung ihrer Regeln und Disziplin – als einzigen Weg zur Rettung.

Richard entfernte sich immer mehr von den Regeln der WTG. Mir machte dieser »Weg zur Rettung« immer noch schwer zu schaffen. Im »Hinterkopf« steckte weiterhin die Angst, »Harmagedon« könnte plötzlich losbrechen, ich bin nicht in der

Hürde und verspiele so mein Leben! Das ist die häufige Denk-schablone der »Glieder des Volkes Gottes«.

Endlich Hilfe, wie ich meinte, kam dann durch die beiden schon erwähnten ehemaligen Zweigaufseher der WTG, Walter Voigt und Maurice Fleury. Beide wurden vom damaligen Prä-sidenten der Gesellschaft, N.H. Knorr, sehr geschätzt. Die WTG brachte immer strengere Verhaltensregeln heraus, einen Teil davon habe ich bereits genannt. Diese Männer standen schon seit Jahrzehnten im spärlichen Sold der Gesellschaft. Nun woll-ten sie mit den neuen strengen Anweisungen nichts mehr zu tun haben. Walter Voigt, der schon als »Bibelforscher« zur WTG stieß, fühlte sich im Bethel zunehmend eingeengt. Zwei Ame-rikaner von der Zentrale wurden ihm vor die Nase gesetzt. Manche Zeugen kamen zu Walter ins Bethel, nur um sich »aus-zuweinen«. Da saß dann einer der Amis dabei und lauschte mit. Walter war diesen zu milde und zu nachsichtig geworden. Es herrsche keine richtige Disziplin unter den ZJ in Österreich, wurde bemängelt. Heute würde man die Vorgehensweise die-ser Wächter als »mobbing« bezeichnen.

Das Firmenunternehmen, in dem ich tätig war, expandier-te stark. Gerne nahm der Chef Aussteiger aus der WTG in sein Unternehmen auf. Auch mein Stellvertreter in der Wer-beabteilung war ein ehemaliger Kreisaufseher. Dieser mußte nach der Geburt seines Sohnes aus dem Kreisdienst ausschei-den. Eines Tages rief mich mein Chef zu einer Unterredung in sein Zimmer. Zu meinem Erstaunen saß dort auch Walter Voigt. Der Boss wollte anfänglich nicht die Hintergründe nennen, aber dann kam es heraus, Walter wird Mitarbeiter in meiner Abteilung. Erst viel später kam ich dahinter, daß er und seine Frau freiwillig aus dem Bethel ausschieden. Wal-ter wird nach 50 Jahren WTG-Zugehörigkeit und einigen Jahr-zehnten Vollzeitdienst – mit 68 Jahren – ein »weltlicher« An-gestellter. Eine entsprechende Vorsorge wie Renteneinzah-lung war in der WTG nicht üblich. Harmagedon kommt doch schon so bald, da ist jede Rentenvorsorge unnötig. So dachte auch das Ehepaar Voigt zeit seines Lebens, ein verhängnis-voller Irrtum.

Meine Erwartungen in religiöser Hinsicht waren groß. Da kommt nun ein reifer Bruder, beliebt im ganzen Land, der noch dazu viel Erkenntnis hat. So ging es mir durch den Kopf. Sicher würden bald alle meine Zweifel an der Organisation der Vergangenheit angehören. Es kam ganz anders.

Walter und dessen Frau hatten längst zu untersuchen begonnen, ob die hehren Ansprüche der WTG auch vom Worte Gottes gestützt werden. Zuerst zögernd, dann kam es immer deutlicher heraus, das Ehepaar Voigt machte im fortgeschrittenen Alter Bilanz über sein Leben in Verbindung mit der WTG. Meine Frau und ich wurden vorsichtig in ihre Zweifel eingeweiht. Dann begann die Zeit der Analysen und eine Abrechnung. Wir untersuchten den Wahrheitsgehalt der WTG-Exegesen. Maurice Fleury polterte gegen die früheren Mitstreiter in der US-Zentrale und meinte nur: »Die lügen, so oft sie den Mund auftun, sie vertuschen die eigene Geschichte, es wird ständig geleugnet und verdreht«. Das konnte und wollte ich nicht einfach akzeptieren. War ich doch »in der Wahrheit«. Oder nicht? Gerade die »leitende Körperschaft« wird sich doch nach der Wahrheit ausrichten. Oder etwa doch nicht?

»Wahre« Organisation und »richtige« Lehren?

Was brachten unsere Nachforschungen zutage? Während die Christenheit sich mit unverrückbaren Überlieferungen herumquält, beglückt die WTG die wahren Anbeter mit »fortschreitenden« Wahrheiten! Schöne Theorie, katastrophale Praxis.

Wie sich die wohlklingende Theorie in der Praxis verwirklicht hat, können jene ermessen, die den ZJ längere Zeit angehörten oder sich intensiv mit ihrer Literatur befassen. Da gibt es fixe Ideen, die heute als göttliche Wahrheit gepriesen und schon morgen stillschweigend fallengelassen werden. Weltende-Termine, die man, nachdem sie durch die tatsächliche Entwicklung widerlegt sind, einfach mit neuen Inhalten füllt (z.B. 1914, 1918). Da sind Bibel-Auslegungen, die gemeinsam mit allen ZJ fest geglaubt wurden, aber plötzlich sind sie als Irrlehre verdammt.

Nach ein paar Jahrzehnten kommen sie oft wieder aus der Versenkung hervor und werden dann als »neues Licht« angepriesen, zum Erstaunen ihrer gutgläubigen Anhänger. Diese groteske Situation fiel mir im September 1972 auf. Da hatte man in den damals 28.407 ZJ-Versammlungen auf der Welt eine ganz neue Ordnung eingeführt: Der vorsitzführende Aufseher der Versammlung sollte künftig alljährlich wechseln. Somit wurde jedes Jahr ein anderer mit der Leitung einer ZJ-Versammlung beauftragt. Dadurch kämen die Versammlungen in engere Übereinstimmung mit dem Urchristentum, versicherte der WT vom 1.9.1974. Doch gab es bei dieser Verfahrensweise anscheinend Probleme. Kein Wunder, man stelle sich einmal vor, in einem Geschäftsbetrieb bekäme eine größere Abteilung alljährlich einen neuen Chef. Hätte sich der Arme gerade eingearbeitet, müßte er seinen Platz räumen für einen anderen. Die Brooklyner Zentrale hat die durch diese Verfahrensweise entstandenen Schwierigkeiten sehr bald eingesehen, und ab Mai 1983 leitete sie die Kehrtwendung ein. Nun war es also wieder vorbei mit dem jährlichen Auswechseln des leitenden Aufsehers in den ZJ-Versammlungen in aller Welt.

Der ganze Vorgang gibt Anlaß zu folgender Frage: Kann man noch glauben, was der WT lehrt: Werden die »Aufseher und Hirten [wirklich] durch den heiligen Geist ernannt«? (lt. WT 1.10.1969, S. 599). Vom heiligen Geist ist da weit und breit keine Spur! Wohl aber trägt dies alles die Handschrift der Brooklyner Zentrale, die von menschlichen Überlegungen ausgehend – bald die eine, bald die andere – Kehrtwendung diktiert! Kann man noch vom »immer heller werdenden Licht« sprechen? Von fortschreitender Erkenntnis des Willens Gottes ist da keine Spur! Handelte es sich bei der Neuerung von 1983 doch nur um eine Rückkehr zur Verfahrensweise in den Jahren vor 1972: nämlich Bestimmung einer Person aus der Ältestenschaft, die den Vorsitz der ZJ-Versammlung wieder auf Dauer innehat!

Erforscht man die Geschichte der WTG, etwa in ihrem Buch »Jehovas Zeugen in Gottes Vorhaben«, so bemerkt man bald, wie sich ihre Ansichten bezüglich der Versammlungsleitung immer wieder änderten. Diesem Buch zufolge begann das goldene Zeitalter für die Bibelforscher im Jahre 1919. »Wiederherstellung der wahren Anbetung, die Neue-Welt-Gesellschaft entsteht«, jubelt das Buch. Ein wahrhaft epochales Ereignis! Nun waren inzwischen 64 Jahre vergangen, also Zeit genug, um die »wahre Anbetung« bis in den letzten Winkel der Erde auszudehnen. Wenn dieses Ziel schon zu hoch gesteckt sein mag, so sollten doch zumindest entsprechende Entwicklungen innerhalb der ZJ-Gemeinschaft erwartet werden. Beim stichwortartigen Geschichtsrückblick verweist das Buch dann auf das Jahr 1938. »Theokratische Organisation der ersten Christenversammlung wiederhergestellt«. Und was war eigentlich vorher? – »Praktiken verschiedener religiöser Organisationen!« lautet die Auskunft des Buches. »Die ersten Versammlungen der Zeugen Jehovas wurden durch eine presbyterianisch-kongregationalistisch gemischte Methode der Kirchenverwaltung geleitet« (S. 25). Es war also hoch an der Zeit, wenn 1919 schon die wahre Anbetung wiederhergestellt wurde, den Versammlungen nun eine ihr entsprechende Leitung zu geben. Unter der Überschrift »Jehovas Heiligtum wird gereinigt« heißt es weiter: »Dann wurde die Prophezeiung gegeben«, daß nach 2.300 Tagen Jehovas Heiligtum siegreich sein würde (Dan 8:13,14). Das sollte die Säuberung der Versammlung von den sogenannten Wahlältesten kennzeichnen. Es erfüllte sich sogar eine Prophezeiung Daniels, so soll man also ehrfurchtsvoll annehmen.

Nun begann ein Verwirrspiel – und Bibelmißbrauch – sondergleichen. Denn die »Beweis«-Stelle aus Daniel 8,14 hat durch die WTG Mehrfachinterpretationen erfahren: In den von Russell geschriebenen »Schriftstudien« hieß es noch bezüglich der 2.300 Abende und Morgen, von denen Daniel spricht: »Eine Zeitperiode von 2300 buchstäblichen Jahren (...) 454 v. Chr. bis 1846 n. Chr., dem Zeitpunkt, da die Heiligtumsklasse abgesondert wurde durch die Gründung der Evangelischen Allianz...«, (Schriftstudien Bd. 3, Seite 112). Einige Jahre später kam dann die schon oben genannte zweite Version. Im Buch »Dein Wille geschehe« auf Seite 214 ist die neue Auslegung zu finden. Und was geschah da?, darf man fragen. Antwort: Da erschien ein WT-Artikel zum Thema »Jehovas Organisation«

und kündigte die Verfahrensweise an, »wie sie in den Tagen der Apostel bestanden hatte«. Das zeigt das Buch »Jehovas Zeugen in Gottes Vorhaben« auf Seite 127. Trotzdem erscheint es im Rückblick rätselhaft, warum es sechs Jahre von der Proklamation des WT im Jahre 1932 – gleichzeitig dem Ende der Zeitspanne der Daniel-Prophezeiung – bis zum Jahre 1938 brauchte, bis die Theorie in die Praxis umgesetzt wurde. Falls dem Leser der Kopf raucht, uns erging es beim vergleichenden »Bibelstudium« nicht besser.

Nun gut, ab 1938 ging es in den Versammlungen theokratisch zu, will die WTG glauben machen. Wie eingangs bereits festgestellt, wurde diese theokratische und »gereinigte« Verfahrensweise 1972 wiederum geändert, den ersten Christen entsprechend, so zitierten wir schon aus dem WT von 1974. Doch hoppla, was ist dann mit der Prophezeiung Daniels in Kapitel 8? Nun, das ist für eine leitende Körperschaft gar kein Problem. Schnell verpaßte man dieser Prophezeiung jetzt die dritte Deutung. Da kommen die sechs Jahre wieder in Erscheinung, nun begannen die 2.300 Abende und Morgen nicht 1926 und enden 1932, sondern sie beginnen am 1. Juni 1938 mit dem Erscheinen wiederum eines WT-Artikels mit Titel »Organisation« und enden am 8. Oktober 1944...

Wer die komplizierten Berechnungen und Erklärungen dazu kennenlernen möchte, um vielleicht Klarheit zu erlangen, der muß sich den WT vom 15. März 1972 zu Gemüte führen. Just in dem Jahr, als das Zeitalter der »rotierenden« Versammlungsaufseher begann, das aber ab Mai 1983 wieder zu Ende ging.

Diese widersprüchlichen Argumentationen und die haarsträubenden Bibelauslegungen ließen mich immer eindringlicher fragen: Kann das der Weg der Wahrheit sein?

Bei einem Gespräch mit einem linientreuen ZJ in unserer Firma hatte dieser eine bewährte Ausrede parat: Bei früheren Erklärungen der WTG und späteren Änderungen hätten die jeweiligen Artikelverfasser schuld, denn sie »eilten der Zeit voraus«. Aber das kann doch nicht sein, die Verfasser der WT-Schriften sind doch nicht die Putzfrauen oder Schriftsetzer des Brooklyner WT-Verlages! »Da sein heiliger Geist auf die leitende Körperschaft dieser Organisation einwirkt, stimmt deren Rat mit seinem Willen überein«, betont der WT vom 15.9.1965, und fast jede WT-Ausgabe der letzten Jahre beteuert: Nur bei den Zeugen sei die Wahrheit zuhause. »Zu Gottes Organisation und seiner erhabenen reinen Anbetung zu fliehen bedeutet auch, aus den falschen Religionssystemen dieser Welt zu fliehen...«, meint z.B. der WT vom 15.2.1983. Allein die vorgenannten Musterbeispiele drängen doch die Frage auf, warum soll jemand gerade aus den »falschen Religionssystemen« hinausgehen und zu den ZJ und deren Auslegungschaos kommen? Die Antwort ist ebenso einfach wie überwältigend: »Die falschen Religionen lehren nicht Gottes Wort, sondern ihre eigenen Ansichten« (WT vom 1.4.1969). Das Buch »Ist die Bibel wirklich das Wort Gottes?« (1969) kommt sogar zu der Feststellung:

Es geht tatsächlich um die Frage, ob man glauben will, was die Bibel sagt, die es noch nie nötig hatte, auf den neuesten Stand gebracht zu werden, oder ob man leichtgläubig Theorien annehmen will, die von Menschen aufgestellt werden und die sich ständig wandeln.

Merken Verfasser solch hehrer Worte nicht, daß dieser Schuß nach hinten losgeht? Klingt es nicht wie ein Hohn, wenn der Wachtturm kühn erklärt:

Heute zeigen die Tatsachen deutlich, daß das, was Jehovas Zeugen gesagt haben, die Wahrheit war. Sie waren tatsächlich die ganze Zeit von Gottes heiligem Geist geleitet worden! (WT, 1.9.1971)

Was haben sie nicht alles gesagt in den nunmehr schon 120 Jahren ihrer Geschichte. Und das alles soll *Wahrheit* gewesen sein? Bezüglich der o.a. Änderung der Amtsdauer der Versammlungsaufseher beugte die WTG möglicher Kritik aus den eigenen Reihen vor, indem sie im WT vom 15.4.1983, S. 27 unter der Überschrift »Kampf gegen unabhängiges Denken« folgendes »Gesetz« erließ:

Durch das Studium der Bibel erfahren wir, daß Jehova seine Diener stets auf organisierte Weise geleitet hat. Wie es im ersten Jahrhundert nur eine wahre christliche Organisation gab, so bedient sich Jehova heute nur einer Organisation (Eph 4:4,5; Mt 24:45-47). Es gibt jedoch einige, die darauf hinweisen, daß die Organisation in gewissen Punkten Änderungen vornehmen mußte. Deshalb sagen sie: »Das zeigt, daß wir uns selbst eine Meinung über das bilden müssen, was wir glauben sollten.« Das ist unabhängiges Denken. Warum ist es so gefährlich?

Solches Denken ist ein Zeichen von Stolz. Die Bibel sagt: »Stolz geht einem Sturz voraus und ein hochmütiger Geist dem Straucheln« (Spr 16:18). Wenn wir auf den Gedanken kommen, wir wüßten es besser als die Organisation, sollten wir uns fragen: »Wo haben wir die biblische Wahrheit ursprünglich kennengelernt? Würden wir den Weg der Wahrheit kennen, wenn uns nicht die Organisation angeleitet hätte? Kommen wir ohne die Anleitung der Organisation Gottes aus?« Nein, das ist uns nicht möglich. (Vgl. Apg 15:2, 28, 29; 16:4, 5.)

Ich erinnere an das »flüchtende Gehirn« im Faltblatt. Wie oft kommt in den wenigen Zeilen das Lieblingswort ›Organisation‹ vor? Und das, obwohl keine der angeführten Bibelstellen dieses Wort kennt oder den Gedanken stützt. Das »unabhängige Denken« fürchtet jede Diktatur, keiner soll den eigenen Verstand gebrauchen. Vertraue der Organisation und zolle ihr Respekt, ist die Maxime der WTG. So etwas soll biblisches Christentum sein?

Um zur Quelle zu gelangen, muß man gegen den Strom schwimmen, das wurde uns immer klarer. Jesus Christus hat dies so gehalten. Das brachte ihn seinerzeit auch in Konflikt mit der etablierten Gesellschaft, mit der jüdischen theokratischen Organisation (Lk 15,1+2; Joh 9,16.34; 19,6-16).

Wo Menschen mit »neuen Wahrheiten« einer menschlichen Organisation an der Nase herumgeführt werden, ist die Wahrheit nicht zuhause.

Das Nachrichtensystem und die Gerichtsbarkeit

Das Nachrichtensystem bei den ZJ ist besonders effektiv. Jeder einzelne, der zu irgendeiner Versammlung kommt und sagt, er sei ein ZJ, wird kontrolliert. Das geht schnell, die Zentrale hat alle Informationen, auch die Zweigbüros. Informationen sind auch in der Versammlung, welcher der Betreffende angehört. Die Gerichtsverfahren in den Versammlungen der ZJ unterscheiden sich grundlegend von »weltlichen«. Aber nicht nur das. Sie unterscheiden sich ebenso von den Rechtsverfahren des Alten Testaments, obwohl sich WTG gerne auf die »Hebräischen Schriften« beruft. Während Rechtsangelegenheiten damals öffentlich behandelt wurden, wo jeder zuhören konnte, erinnern die Verfahren bei den ZJ eher den Femgerichten. Nicht selten bilden in dem dreiköpfigen »Rechtskomitee« Ankläger und Richter eine Personeneinheit. Meistens sitzt der »Angeklagte« diesen drei Richtern ganz alleine gegenüber, ohne Rechtsbeistand. Die Glieder der Versammlung erfahren vom tatsächlichen Vergehen nichts. Aber: »die Glieder der Versammlung akzeptieren Gottes Urteil und unterstützen es«. (WT, 15.12.1981, S. 22)

Der Ausschluß

Auch mein Chef begann die Organisation kritisch zu betrachten. Ich weiß erst heute, wie wichtig es ist, in einer solchen Phase der Unsicherheit, die mit vielen Ängsten verbunden ist, nicht alleine zu sein. Mit entsprechendem finanziellen Hintergrund ausgestattet, konnte der Chef sich abreagieren, indem er ein Buch über seinen Glauben zu schreiben begann. Dabei hatte er nicht die Absicht, die WTG ins Visier zu nehmen. Es stand hinter seinem Vorhaben sicherlich der jahrzehntelange eingepaukte Drang, die »Botschaft« predigen zu müssen. Er bat mich, die Satzherstellung und den Druck zu überwachen, aber auch die Inhalte des Manuskripts zu beurteilen. Auch andere Mitarbeiter, die aus der »Hürde« der WTG kamen, durften mitreden. Da wurde mir erstmals bewußt, wie schwierig es ist, manche Bibelstellen »neutral« zu beurteilen und auszulegen, ohne auf bereits vorliegende Literatur zurückzugreifen. Es kam bei den Diskussionen über den Inhalt des künftigen Buches zwangsläufig auch zu kritischen Gesprächen über die WTG. Wir wollten künftig nicht mehr glauben, was uns der Sklave als »geistige Speise« auftischte. Die Fertigstellung des Buches brauchte eine »Ewigkeit«, weil wir »Bibelkenner« immer wieder unseren »Senf« dazugeben wollten. In Anlehnung an ein Sprichwort könnte man sagen: »Viele Bibelköche verderben den Brei«. Daher hat die WTG auch ihre eigene »Küche« und eigene »Köche«. Damit weltweit Einheit herrschen kann, beansprucht sie das Monopol für die Bibelauslegungen, und die Anhänger haben ganz einfach zu »spuren«.

Unser Chef hat zuletzt den Inhalt seines Buches kurzerhand ohne Berater fertiggeschrieben. Ich half bei der Fertigstellung, es erschien im Eigenverlag, der Titel: »Dem wahren Zweck des Lebens auf der Spur«. Der Boss hatte nun die Möglichkeit – bei Gesprächen mit Geschäftsfreunden – etwas anderes als nur die Literatur des Sklaven anzubieten. Gleichzeitig stillte er sein Bedürfnis, weiterhin als Verkündiger der biblischen Botschaft wirken zu können.

Ich machte einen Besuch im firmeneigenen Konstruktionsbüro, ein tüchtiger Mitarbeiter war dort, Bruder Fucek, ebenfalls ein ehemaliger Kreisaufseher. Kurt meinte einmal verächtlich: »In eurer Firma landen alle verkrachten Existenzen unserer Organisation, danach fallen sie von ihr ab«. Auch das kam vor. Wenn ich erwähnte, die WTG-Bibelauslegungen seien vom Gutdünken einzelner abhängig, möchte ich das nun begründen: F. erzählte mir von einem Erlebnis, das ihn seither nicht mehr losließ. Als er in der Zentrale in Brooklyn war, suchte er eines Abends in der Bibliothek nach einem bestimmten Buch. Dort hörte er hinter der Bücherwand die Stimme vom WTG-Präsidenten Knorr. Dessen Gesprächspartner waren seine späteren Nachfolger als WTG-Präsidenten, Fred Franz und Milton Henschel.

F. war brennend daran interessiert, die Gespräche der »vom Geist Gottes geleiteten Führung« mit anhören zu können. Fred Franz sprach dabei über einen Text des Propheten Jesaja (60, 8-10). Der Lauscher an der Wand bekam nun mit, daß dieser Text für die Hauptaussage eines WT-Hauptartikels dienen sollte. Die etwas komplizierte Jesaja-Aussage liest sich in der WT-Bibel so:

Jesaja 60:8-10: Wer sind diese, die geflogen kommen so wie eine Wolke und wie Tauben zu ihren Taubenschlägen? *9* Denn auf mich werden die Inseln selbst fortwährend hoffen, die Schiffe von Tarschisch auch wie zuerst, um deine Söhne von fern her zu bringen, wobei ihr Silber und ihr Gold bei ihnen ist, zum Namen Jehovas, deines Gottes, und zum Heiligen Israels, denn schön wird er dich gemacht haben. *10* Und Ausländer werden in der Tat deine Mauern bauen, und ihre eigenen Könige werden dir dienen.

F. fiel auf, daß die drei Prominenten sehr heftig diskutierten, was die »Tauben« darstellen. Nach längerem Disput stellte Franz dann die ultimative Frage: »Und was soll ich nun schreiben?« Dann einigten sich die Glieder der »leitenden Körperschaft«, daß die »Tauben« ein Bild der »großen Volksmenge« sind, die am Ende der Tage (in unserer Generation) als ZJ mit irdischer Hoffnung in Erscheinung treten. Das ist zwar ein Abweichen von Russell, der diesen Text noch mit der Wiederherstellung Israels in Zusammenhang brachte. Die im Vers 9 erwähnten »Inseln« waren bei Russell ein »Sinnbild von Republiken«. Seinen Nachfolgern ist die Phantasie jedenfalls auch nie ausgegangen.

Hier muß deutlich festgestellt werden: Solche Exegeten sind keine Förderer des Bibelglaubens. Im Gegenteil, sie degradieren die Bibel zu einem simplen »Traumdeuterbuch«, aus dem jeder herauslesen kann, was ihm gerade gefällt. Wenn es nur das private »Hobby« dieser Bibeldeuter wäre! Nein, diese Deutungen müssen ihre Anhänger als eine Art »himmlische« Botschaft akzeptieren. Als F. noch in Brooklyn weilte, war in einem WT (englisch) genau das abgedruckt, was in der Bibliothek »ausgehandelt« wurde. F. meinte lächelnd: »Ich wurde damals völlig desillusioniert«. Denn in seiner – aber nicht nur seiner – Phantasie hatte er sich immer vorgestellt, daß die WT-Schreiber ihre Eingaben direkt vom heiligen Geist bekämen. Daß diese »biblischen Wahrheiten« in einem »small talk« auf den mächtigen Sofas ihrer Bibliothek »erarbeitet« werden, hatte seinen Glauben an diese göttliche Organisation nachhaltig erschüttert. Jedenfalls blieb die genannte Auslegung auch in den folgenden Jahren erhalten, sie wurde nicht durch »neues Licht«

ersetzt. Wie die USA-Exegeten aus Jesajas »Tauben« märchen-
ähnliche »Erfüllungen« konstruieren, soll ein WT jüngeren
Datums – als Beispiel – zeigen:

Die theokratische Verwaltung in der christlichen Ära: Die große
Volksmenge setzt sich aus den »anderen Schafen« zusammen, die
Jesus im Gleichnis von den Schafhürden erwähnte (Joh 10:16).
Die anderen Schafe strömen seit 1935 in die Organisation Jehovas.
Sie »kommen so wie eine Wolke und wie Tauben zu ihren Taubenschlägen« (Jes 60:8). Da die große Volksmenge ständig wächst,
die Gruppe der Gesalbten dagegen kleiner wird, weil viele sterben
und damit ihren irdischen Lauf vollenden, spielen befähigte andere Schafe eine immer größere Rolle im christlichen Werk. In welcher Hinsicht? (WT, 15.5.1997, S. 17-18)

Für einen Nicht-ZJ mögen diese WT-Sätze wie mehrdeutige Ora-
kelsprüche klingen. Jedenfalls »befähigte andere Schafe« gibt es
in dieser Organisation mehr als genug, könnte man sarkastisch
hinzufügen. Ich gehörte noch dazu, aber nicht mehr lange.

Die meisten ZJ »saugen« die Aussagen aus den WT-Schriften ehrfurchtsvoll in sich hinein. Ihnen wird nicht bewußt, daß
mit ihnen und auch mit der »Heiligen Schrift« – in unheiliger
Weise – Schindluder getrieben wird. Nachdem ich häufig die
Zusammenkünfte der Versammlung schwänzte – ebenso die
genannten Kollegen und auch der Chef – wurde man von
»Oben« auf uns aufmerksam. Heute vermute ich, daß uns ge-
zielt ein spezieller »Kreisaufseher« zugeteilt wurde. Es war dies
Gerrit Lösch. Dieser war spezialisiert auf »Fälle« wie den unseren. Er erzählte mir später, daß er dafür in »Gilead« besonders geschult wurde, Zweiflern an den WT-Lehren behilflich
zu sein. Kann er uns »wiederherstellen«, wie es jetzt so schön
heißt? Bei seinem Besuch in meiner Versammlung begann
Gerrit die Stundenzahl meiner Predigttätigkeit aus der Kartei
zu ermitteln. Da war inzwischen Ebbe eingekehrt, und das ver-
ursachte für einen Kreisaufseher erhöhten Handlungsbedarf. Auf
die Frage, warum ich nun so »müde« im Dienst geworden sei,
versteckte ich mich nicht mehr, sondern sagte frei heraus, was
mich bedrückte.

Danach folgte an Gerrits freien Tagen eine Besuchsserie bei mir zuhause. Ich bin mir heute sicher, daß die Gespräche auch den ehemaligen prominenten Männern der WTG in unserer Firma als Warnung dienen sollten. Der Weggang meines reichen Chefs tat ihnen besonders weh, war er doch auch ein edler Spender vieler blauer Scheine an die Adresse der Gesellschaft.

Gerrit schrieb mir einige Briefe. Darin strotzte es von typischen WT-Begründungen, die mich längst schon anödeten. Er hielt in den nachfolgenden Monaten sein Versprechen, meine Kritiken wurden nicht gegen mich verwendet. Ich ging ähnlich wie die schon genannten Studenten vor. Die Wunden der Gesellschaft peilte ich an und bohrte. Gleichzeitig konnte ich meinen Frust abbauen. Der Mann ertrug dies alles mit erstaunlicher Fassung. Gerade diese häufigen Besuche und Briefe waren in meinem Fall völlig kontraproduktiv. Ganz im Gegensatz zu den Erwartungen der WT-Leute fühlte ich mich jedesmal nur noch mehr bestätigt.

Heute ist Gerrit im höchsten Gremium des »Tempels«, wie die Zentrale von Egon einmal respektlos genannt wurde. Vielleicht wird er sogar noch Präsident der Gesellschaft. Im WT vom November 1994 war zu lesen:

Leitende Körperschaft erweitert: Um die Besetzung der leitenden Körperschaft der Zeugen Jehovas zu erweitern, wurde den 11 Ältesten, die ihr gegenwärtig angehören, mit Wirkung vom 1. Juli 1994 ein weiterer hinzugefügt. Es handelt sich dabei um Gerrit Lösch. Bruder Lösch begann am 1. November 1961 mit dem Vollzeitdienst und besuchte die 41. Klasse der Wachtturm-Bibelschule Gilead. Von 1963 bis 1976 stand er in Österreich im Kreis- und Bezirksdienst. 1967 heiratete er, und gemeinsam mit seiner Frau Merete gehörte er später 14 Jahre lang zur österreichischen Bethelfamilie in Wien. Vor vier Jahren wurden sie ins Hauptbüro der Gesellschaft in Brooklyn (New York) versetzt, wo Bruder Lösch seither in der Verwaltung sowie als Gehilfe des Dienstkomitees tätig gewesen ist. Nicht zuletzt dank seiner vielfältigen Erfahrung im europäischen Gebiet und seiner Sprachkenntnisse in Deutsch, Englisch, Rumänisch und Italienisch wird er einen wertvollen Beitrag zu der Arbeit der leitenden Körperschaft leisten.

Während Gerrit die WTG-Karriereleiter hinauffiel, ging es bei mir genau umgekehrt. Der Monolith in Brooklyn hat sich mit Gerrit einen fähigen Mitarbeiter geholt, intelligent und ergeben. So ist er ein guter »Diener seines Herrn«, mit solchen können Körperschaften à la WTG noch viele Jahre weiterbestehen.

Wir Kritiker und Zweifler vereinbarten, künftig noch schweigsamer zu sein. Den »treuen« Kollegen sollte kein Anstoß geliefert werden. Richard meinte einmal, daß wir eigentlich mit diesen Leuten viel zu rücksichtsvoll umgingen. Umgekehrt kennen die kaum einen Pardon. Ich war bemüht, keinen Gemeinschaftsentzug zu provozieren. Die Zusammenarbeit mit ZJ-Kollegen in der Firma sollte nicht gestört werden. Mit ihnen keine religiösen Gespräche zu führen, war dabei eine notwendige Voraussetzung.

Um eine Art Bestätigung für mein bewußtes Abwenden von der WTG zu haben, fotokopierte ich etliche spezielle Zitate aus der WT-Literatur. Eines Tages besuchte mich im Büro ein ZJ, mit dem wir geschäftlich zusammenarbeiteten. Er kam dabei schnell zu seinem persönlichen Anliegen: »Du hast doch seinerzeit mitgeholfen, daß ich zu den ZJ ging, und nun hörte ich, du habest sie verlassen. Was ist dein Grund dafür?« Ich wollte nicht, daß mein ZJ-Kollege, der sich im gleichen Zimmer befand, meine Antwort hörte. Daher griff ich in die Schublade und überreichte wortlos die Collage mit den WT-Zitaten. Bruder S. blätterte lange darin und runzelte dabei die Stirn. Dann gab er mir die Blätter zurück und verabschiedete sich ziemlich abrupt.

Etwa zwei Wochen später, am Abend. Ich saß mit meiner Frau gemütlich vor dem Fernsehapparat beim Gläschen Wein, da klingelte es an der Tür. Meine Frau öffnete, draußen standen zwei Brüder vom Komitee unserer Versammlung. Sie wollten mit mir alleine sprechen. Meine Frau mußte ins Nebenzimmer gehen. Nach einigen Höflichkeitsfloskeln kamen die Männer zur Sache: »Wir wurden beauftragt, bei dir nachzufragen, welche Schriften du verbreitest?« Auf meine Gegenfrage, welche Art »Schriften« sie meinen, wurde so geantwortet, daß sie eben hier seien, um dies von mir zu erfahren. Ich konnte ihnen wirklich nicht weiterhelfen, denn ich hatte bis dahin noch nie WTG-»verbotene« Schriften verteilt. Dann gaben sie zu, vom Bethel den Auftrag erhalten zu haben, mich das zu fragen. Es war ihnen sichtlich unangenehm.

Ganz anders empfinden die Leute vom Bethel. A., ein Bezirksaufseher und führender Mann im Bethel besuchte mich und kam im Vorraum schnell auf den Punkt. »Würdest du dich zu einer Komiteesitzung einfinden?« Auf meine Frage, was man mir denn vorwerfe, beantwortete A., daß man Kenntnis von meinen WT-Auszügen besaß. Es wurde dabei auch der Name meines Besuchers im Büro, Bruder S., genannt. Ich bestand darauf, daß dieser bei der Sitzung als »Zeuge« zur Verfügung stehen müsse. Das wurde etwas zögernd akzeptiert, danach wurde ein Treffen im Königreichssaal vereinbart, dann rauschte A. ab.

An einem kalten Februarabend war es soweit. Nach langer Abwesenheit kam ich wieder in meinen zuständigen Versammlungssaal. Das Gericht konnte beginnen. Den Vorsitz führte überraschenderweise A. vom Bethel, mein zuständiger Versammlungsaufseher war nicht anwesend. Das entspricht nicht der Norm. Anscheinend ist das heute »oberste Kommandosache«, dachte ich mir. Ein sehr verlegen wirkender Bruder S., auf dessen Anwesenheit ich bestanden hatte, nahm ebenfalls Platz. Insgesamt waren wir fünf Personen. Dann wurden die Anklagegründe genannt: »Warum hast du Bruder S. Schriften gezeigt?« Zuerst verlangte ich eine Klarstellung und fragte S., ob ich ihn oder er mich besucht habe. S. erzählte, wie es war. Dann stellt ich die Frage: »Habe ich dir denn unaufgefordert etwas gezeigt?« S. beantwortete alles den Tatsachen entsprechend. Jetzt wandte ich mich an A. und fragte, was man eigentlich von mir wolle. Dies wurde so beantwortet: »Du hast S. total verwirrt und im Glauben geschwächt«. Ziemlich erstaunt erwähnte ich nur, daß ich S. doch nur Teile der WT-Literatur gezeigt habe. Nun kam die altbekannte Antwort: »Diese Zitate waren sicherlich aus dem Zusammenhang gerissen«. Eine kuriose Entwicklung des Gesprächs begann. A. fragte, wie ich eigentlich dazu käme, S. solche Zitate zu zeigen. Da wandte ich mich an S., dieser bestätigte seine an mich gestellte Frage wegen meines Fernbleibens von den Versammlungen. Da meinte A. zu mir: »Du bist doch ein reifer Bruder, im Gegensatz zu S., der ist ja noch ein Neuling, warum mußtest du ihn so verunsichern!« Wieder fragte ich S., ob er denn regelmäßig die Zusammenkünfte besuche. Nachdem er zögernd bejaht hatte, sagte ich zu A.: »Also S. besucht regelmäßig die Zusammenkünfte, ich bin aber schon viele Monate nicht mehr in diesem Saal gewesen, jetzt frage ich euch: Wer von uns beiden ist wirklich der ›Reifere‹?«. Nun war ich richtig in Fahrt.

Den Höhepunkt lieferte A. mit der Feststellung, ich müsse doch nicht jede Frage – etwa wie S. sie mir im Büro stellte – beantworten. Auf diese Argumentation war ich vorbereitet. Ich holte aus meiner Tasche einen »Redeplan« für Vortragsredner, der in Brooklyn verfaßt wird. Das Thema meines Vortrags hatte gelautet: »Immer die Wahrheit sprechen«. Aus dem Redeplan las ich folgende Passage:

> Wir müssen der Wahrheit gemäß reden, keine Tatsachen vor denjenigen, die es wissen sollten, zurückhalten.
> Unsere Brüder verdienen es, die Wahrheit zu hören, und sollten niemals irregeführt werden. (Vgl. Sach 8:16)
> Selbst wenn man Tatsachen verheimlicht, kann man Dingen eine andere Bedeutung geben: könnte zu Streit und Kummer unter Brüdern führen. Mag Zeit und Übung erfordern, zu lernen, in dem, was wir sagen, ehrlich und freimütig zu sein; ist der Welt gegenüber ein Kontrast.

Die Kernaussagen solcher Stichwörter sind für Vortragende verbindlich. Meine Ankläger saßen mir jetzt ziemlich ratlos gegenüber. Sie durften doch nicht dem aus Brooklyn stammenden Rat widersprechen.

Schnell zogen sie sich dann zur Beratung zurück. Diese Vorgangsweise erinnert an ein weltliches Gericht. Meine Richter ließen mich lange warten. Sie schienen uneinig zu sein und entließen mich schließlich, ohne ein Urteil zu fällen. Erst am nächsten Tag wurde mir an meiner Wohnungstüre mitgeteilt: »Wir haben dir die Gemeinschaft entzogen!«. Ich bin in diese

Gemeinschaft zwar nie als Mitglied eingetreten, nun bin ich aber als Übeltäter hinausgetreten worden.

Ich kannte die Regeln der WTG ziemlich gut, saß ich doch einige Jahre auf der anderen Seite, nämlich auf dem Ankläger- und Richterstuhl. Diese Verhandlung hat ganz objektiv keinen Ausschluß gerechtfertigt, davon war ich überzeugt. Ich mußte dabei auch an die lästerliche Behauptung der WT-Leute denken, daß Ausschlüsse vom »heiligen Geist« gelenkt seien.

Meine Kollegen in der Firma – die altgedienten ehemaligen Zweigaufseher – bestätigten mir, ein solcher Ausschluß sei auch nach WTG-Statuten ungerechtfertigt. Sie meinten, ich möge doch gleich Berufung gegen dieses Urteil einlegen. Davon war ich weit entfernt.

Mir werden es viele nicht glauben, aber dieser Rausschmiß aus »Jehovas Organisation« verschaffte mir große Erleichterung. War ich doch schon seit Monaten innerlich sehr zerrissen. Der Streß des Alltags, ferner im Beruf, dann die Unsicherheit, ob ich mit der Kritik und dem Abwenden von der WTG nicht eine große Dummheit begehe. Bin ich Jehova untreu geworden? All diese Fragen belasteten mich Tag und Nacht. Mein Glück war, daß auch meine Frau all die Ungereimtheiten innerhalb dieser Gemeinschaft registrierte. Eigentlich verließen wir »die Wahrheit« schon Monate vor meinem Ausschluß. Mir sind auch genug Fälle bekannt, wo Ehen zwischen Aussteigern und »Treuen« zerbrechen.

Auch die Atmosphäre in der Firma mit den ZJ-Kollegen wurde immer gespannter. Gut war, daß die Firmenleitung auf meiner Seite stand. Kollegen, die nicht den ZJ angehörten, aber zwangsläufig meine Exkommunikation mitbekamen, konnten dieses »christliche« Verhalten überhaupt nicht verstehen. Diese Gemeinschaft ist auf ihren guten Ruf bedacht, da bleibt kein Platz für Nörgler wie mich. Die Organisation benötigt ihre künstliche Reputation, das erfordert eben strenge Maßnahmen. Alles zur Ehre Jehovas.

Der ZJ-Mitarbeiter in meiner Abteilung sagte mir mit ernster Miene: »Du machst dir's aber leicht!«. Da mußte ich ihn gleich berichtigen, mein Ausstieg aus dieser Organisation geschah keineswegs unüberlegt. Ein weiterer Verbleib hätte mich in noch größere Gewissenskonflikte gebracht. Das können linientreue Mitläufer kaum begreifen. Daher vermied ich jede Diskussion mit den ZJ-Kollegen, ich erkannte, daß dies auch völlig zwecklos war. Den Glauben an Gott und die Bibel wollte ich unbedingt aufrechterhalten. Aber wie und wo konnte ich das künftig durchführen? Vielleicht im Alleingang?

Peter, ein anderer ZJ-Firmenkollege, schrieb mir einen längeren Brief und schnitt dabei die neue Situation an:

Es war tatsächlich nur eine Frage der Zeit, daß der »Stein« ins Rollen kommt. Die ganze Entwicklung und Dein Verhalten gestaltet sich wie in Hunderten Fällen vorher. Wenn ich daran denke, daß wir vor vielen Jahren gemeinsam getauft wurden!

Wie kann ich mit Dir Jehova besser dienen als bisher, wenn ich nicht zum »Zeugnisgeben« eingeladen werde, wenn ich nur einmal im Jahr eine »Anleitung« erhalte und nicht, so oft ich will, in der Gemeinschaft gleichgesinnter Menschen sein kann?

Es stimmt, daß sich die »Ältesten«, welche offiziell sprechen, oft geirrt haben – so wie wir – weil sie Menschen sind – so wie wir – obwohl sie den Geist Gottes haben – so wie wir – oder nicht so wie wir? Soll ich glauben, daß Du Gott nicht liebst – nein, also warum soll ich glauben, daß die Brüder nicht Gott lieben? Du und ich, wir könnten einmal zu den »Elfen« [leitende Körperschaft] gehören. Du und Deine Freunde bieten einfach nicht das, was Z.J. bieten. Vielleicht wirst Du, oder werdet Ihr einmal besser, obwohl ich keinen biblischen Hinweis dafür kenne, dann schließe ich mich gerne an. Allein würde ich den Glauben verlieren, und »Religionsgründer« zu sein, erwartet Jehova nicht von jedem.

Gerade der letzte Satz in Peters Brief, zeigt deutlich die Probleme der Zweifler. »Ohne Organisation glaube ich nicht!« Das bekomme ich immer wieder zu hören. Ohne Ketten und Fesseln der »Gurus« geht es direkt in die Glaubenslosigkeit. Diese Denkart ist sehr bedenklich, fraglich ist auch die Qualität des Gottesglaubens! Viele bleiben mit allen ihren Zweifeln an den Stühlen der Königreichssäle kleben. Sie kommen von dort einfach nicht mehr los. Die Menschen sind »sektensüchtig« gemacht worden, und diese Sucht hält sie fest.

Auch Schwester K. aus Bratislava – meine geheime Literatur-
empfängerin jenseits der Grenze – schrieb mir einen sechssei-
tigen Brief, da bekam ich »Saures«:

> Du warst bei der Wahrheit, aber nicht *in* der Wahrheit. Denn an
> Jehova Gott zu glauben, durch seinen Sohn Jesus Christus, bedeu-
> tet ihn erkennen, sein Vorhaben usw. Also zweifelst Du daran, daß
> Gott Jehova eine irdische Organisation hat (wie eine himmlische).
> Gegründet durch Gottes Geist, durch Jesus Christus, deren erste
> Mitglieder die Apostel waren. Und nun geschieht dies weltweit, da
> stoßen sich Menschen daran, indem sie es beurteilen, Fehler kriti-
> sieren, dabei vergessend, daß sie Jehova Gott und Jesus Christus
> kritisieren. In deren Auftrag geschieht das Werk heute. Jetzt Jeho-
> va Gott und seinen Anweisungen durch seine Organisation unge-
> horsam zu sein, bedeutet Tod. Denn es heißt, es ist furchtbar in die
> Hände des lebendigen Gottes zu fallen.
>
> Lieber Gerd, wie würde ich mich freuen, um Jehovas willen, wenn
> Du den Weg zu Jehova, im Vertrauen auf sein Wort, finden würdest.
> Denn er ist ein barmherziger liebreicher Vater und gerne bereit, sei-
> nen Kindern zu helfen und zu vergeben. Und dies können wir nur in
> Gemeinschaft mit Gottes Volk und seiner Organisation tun. Ringe
> danach, in die neue Weltordnung einzugehen (...) In diesem Sinne
> wünsche ich, daß Du Jehova bittest, er soll Dir helfen, daß Du wie-
> der ganz zu ihm zurückkehrst, nicht mit Worten, sondern in der Tat.

Solche »Ermunterungen« empfand ich wie Tiefschläge. Solche Ratschläge waren mehr Schläge als Rat und gingen gänzlich an den Tatsachen und meinen Problemen mit der WTG
vorbei. Der Monolith »Organisation« war nun endgültig und
krachend zu Boden gestürzt, eine Rückkehr zu ihm wurde durch
solche »ermunternden« Briefe nur noch unwahrscheinlicher.
Langsam verringerten sich auch die Ausstiegsbelastungen.

Ist die WTG nur »ein kleineres Übel«?

Viele ZJ bezweifeln längst die hohen Ansprüche ihrer Gemeinschaft, die Realität bleibt ihnen nicht gänzlich verborgen. Jedoch ist ihr soziales Umfeld nur auf diese Gruppe konzentriert.

Verwandte, Freunde, viele davon sitzen mit ihnen im vertrauten Kreis der Mitbrüder und -schwestern. Verwandte, die nicht dazugehören, sind längst zu Fremden, wenn nicht gar zu Feinden geworden. Der Ausstieg – oder noch schlimmer: der Ausschluß – aus diesem geistigen Ghetto führt oft in die Vereinsamung. Dabei spielt sich in den Sekten nur allzu Bekanntes ab. Das gibt und gab es längst. Viele Jahrhunderte lang!

Während z.B. in der Politik die Unterstützung kleinerer oppositioneller Gruppen und Parteien nur als »Denkzettel« an die Adresse der großen Etablierten gedacht ist, erfolgt mit dem Anschluß an eine Sekte zumeist eine sehr tiefe Bindung, in vielen Fällen eine fast unauflösliche. Das hat viele Gründe. Politische Oppositionsgruppen leben von der Kritik an den etablierten Parteien, sind gleichzeitig der öffentlichen Kritik ausgesetzt. Sekten leben von der Kritik an den etablierten Kirchen, schotten sich jedoch gegen jede Kritik von innen und außen hermetisch ab. Eine Sekte überschüttet ihre religiöse Konkurrenz gleich kübelweise mit spitzer Polemik bei gleichzeitiger Beweihräucherung des eigenen Werkes.

Schwarzweißmalerei schafft die »richtige« ideologische Ausrichtung. Das alte Schema: »Hier Organisation Jehovas« – dort »Organisation Satans«, das ist bei ZJ längst bewährte Tradition. Sie liefern dafür auch die passenden »biblischen Vorbilder« in Gestalt alttestamentlicher Persönlichkeiten: Da wird der böse König Saul zum »Bild der Christenheit« hochstilisiert, die ja immer »Jagd auf David« macht, durch den sich die ZJ dargestellt meinen. Nur sie sprechen »die reine Sprache« der Wahrheit, während sie Gott »Schulter an Schulter« dienen. Obwohl solches Freund/Feind-Denken weder sachgerecht noch christlich ist, scheinen nicht wenige – mit den Kirchen unzufriedene – Menschen auf derartige Sirenenklänge hereinzufallen. Viele der Neugewonnenen bleiben in den Fängen der Sekte. Wie ist das möglich?, so werde ich oft gefragt. Es ist m.E. im wesentlichen die Frucht der erwähnten Taktik: dauernde Verunglimpfung anderer Christen bei gleichzeitiger Hervorhebung der eigenen Vorzüge und Verschleierung der Schwächen. Die Sekte züchtet sozusagen einen Menschentyp, der – einem Sportfan vergleichbar – ganz in seiner Mannschaft aufgeht, der alles Tun der eigenen Mannschaft rosarot sieht, das der Gegner dagegen Grau in Grau. Ein Versagen des Gegners wird mit gellenden Pfiffen quittiert; Fehler der eigenen Mannschaft geflissentlich übersehen. Weisen andere auf letztere hin, betrachtet man sie als ungerecht und parteiisch. Was in der Welt des Sports belächelt oder zumindest als harmlos betrachtet wird, kann sich für Christen geradezu lebensgefährlich auswirken: Jesus hat denen, die anderer Leute Fehler dick ankreiden, die eigenen aber zu vertuschen suchen, ins Stammbuch geschrieben: »Verurteilt nicht, damit ihr nicht verurteilt werdet. Denn mit dem Urteil, mit dem ihr urteilt, werdet ihr verurteilt werden; und mit dem Maß, mit dem ihr meßt, werdet ihr gemessen werden« (Mt 7,1.2). Der Apostel Paulus ist dem Herrn Jesus in dieser Einschätzung des »Richtgeistes« gefolgt und schrieb deshalb an die Christen in Rom:

> Darum bist du ohne Entschuldigung, o Mensch, der du richtest, wer du auch bist. Denn worin du den andern richtest, darin verdammst du dich selbst, weil du dasselbe tust, was du verurteilst (Röm 2,1).

Herrschen und Richten, das ist die Konsequenz eigenwilliger Bibelauslegung und angstmachender Enderwartungen. Wer »wahrer« Christ ist, bestimmt die Sekte. Wer draußen ist, bleibt auf der Strecke. Durch das weltweite Predigtwerk wird schon entschieden, wer »Weizen« und wer »Unkraut« ist, und »Jehova« hat das gefälligst zu respektieren, möchte man scherzhaft hinzufügen. Ohne Bild gesprochen: Solange diese Weltzeit nicht abgelaufen ist und wir daher fortfahren zu beten »Dein Reich komme!«, werden Gläubige und Ungläubige, Heilige und Heuchler nebeneinander leben. Alle Versuche, vorzeitig »das Unkraut vom Weizen zu scheiden«, werden dazu führen, daß man mit dem Unkraut den Weizen ausrauft, wie die Geschichte der Inquisition und Ketzerverfolgung ebenso belegt wie die des ZJ-»Gemeinschaftsentzugs«. Daher mahnte der Apostel Paulus: »Richtet nichts vor der Zeit«. (1 Kor 4,5).

Die WT-Führer und ihre Oberfunktionäre richten nicht nur, sie herrschen auch schon vor der Zeit! Das ist eine der ver-

hängnisvollsten Folgen übereilter Vorausdatierung für das Weltende und das Kommen des Reiches Gottes! Denn im kom-
menden Reich Gottes sollen ja – nach Paulus – »die Heiligen
die Welt richten« (1 Kor 6,2) und – nach der Offenbarung des
Johannes – werden sie »Priester Gottes und Christi sein und
mit ihm (d.h. mit Christus) regieren« (Offb 20,6; 22,5). Ist nun
aber der Herr Jesus Christus schon wiedergekommen, um sein
Reich aufzurichten, sei's 1874 (nach alter WT-Chronologie)
oder im Jahre 1914, was liegt näher, als daß diejenigen, die es
so sehr eilig haben, heute schon mit dem Herrschen und Richten beginnen! Solche Leute gab es schon zu Lebzeiten des
Apostels Paulus. In der Gemeinde der Thessalonicher behaup-
teten einige, der »Tag des Herrn« sei schon da (2 Thess 2,2),
und in Korinth fingen manche offenbar (mit der gleichen Begründung?) zu herrschen an. Deswegen begegnet ihnen der
Apostel mit beißendem Spott und zugleich mit aller Deutlich-
keit: »Ihr seid wohl schon satt, ihr seid schon reich geworden!
Ihr seid schon ohne uns Herrscher geworden...« (1 Kor 4,8).
Die vorzeitige, also zu Unrecht angeeignete Herrschaft ohne
Christus und die Apostel hat immer antichristlichen Charakter. Das ist usurpierte Macht und somit unchristlich, da es einen absoluten Untertanengeist von ihren Anhängern fordert.
Daran ändert auch die Tatsache nichts, daß die WT-Führung
ihre Theokratie unter permanenter Benutzung des Namens Jehova »feiert«. Ein Fest, das die Israeliten seinerzeit begingen
– bekannt durch den damit verbundenen »Tanz um das goldene Kalb« – wurde von ihnen ausdrücklich als »ein Fest dem
Jehova« deklariert. Der antichristliche Charakter wird auch dadurch unterstrichen, daß Loyalität der Organisation gegenüber
gleichgesetzt wird mit der Treue zu Gott. Im WT vom 15.1.1968
wird das besonders deutlich. Die Überschrift: »*Einheit durch
Unterordnung*«. Nach dem Vorbild politischer Diktaturen dieser Welt werden die Massen auf die Anweisungen des Dikta-
tors eingeschworen, bei Abweichungen erfolgen Sanktionen.
Schon vor potentieller Mißachtung der – als Ratschläge ver-
harmlosten – Anordnungen wird mit drohenden Worten gewarnt:

Ratschläge zu übersehen, die jemandem vom Hauptbüro oder von den Dienern der Ortsversammlung zugehen mögen, wäre Nachlässigkeit und ein Zeichen der Mißachtung theokratischer Autoritäten (WT, 1.7.1957, S. 409).

Diese Grundeinstellung der WTG hat sich bis heute überhaupt nicht geändert: »Zu Jehova halten heißt zur Organisation halten.« Dazu gehört auch, wie es eine Illustration im Wachtturm vom 15.3.1986 zeigt, daß man »die Schriften Abtrünniger« vernichtet: Eine Zeugin wirft eine Aufklärungsschrift ungelesen in den Papierkorb, im Hintergrund ist noch der Postbote zu sehen. Auf Seite 13 der genannten WT-Ausgabe heißt es sogar: Schriften Abgefallener kämen pornographischen Schriften gleich! Ist es – nach allem – noch erstaunlich, daß die so zur Räson Gebrachten nur noch die Schriften des selbsternannten treuen und verständigen Sklaven lesen und Literatur Andersdenkender meiden wie die Pest? Besonders die Schriften ehemaliger Zeugen könnten die Augen öffnen, man erfährt plötzlich, was dieser Sklave im Laufe seiner Geschichte prophezeite und später uminterpretierte. Ein ZJ könnte dabei ins Schleudern kommen, wenn ihm oder ihr aufgeht, wie diese Gesellschaft – die sich als Hüterin der Wahrheit aufspielt – ihre eigene Geschichte fälscht. Er (oder sie) könnte an der Honorigkeit der WTG irre werden, sobald sich zeigt, daß sie erst nach dem vielfältigen Bekanntwerden ihrer Falschprophezeiungen überhaupt zu dem Eingeständnis bereit war, das »neue System früher erhofft« zu haben, als dies nach Jehovas Zeitplan vorgesehen ist. Laut WT kommt dann die Schlußfolgerung: »Die Beweise liegen auf der Hand, daß sich Jehova seiner einen Organisation (...) bedient hat und weiterhin bedienen wird.«

Nach meinem Ausschluß hatten auch andere ZJ in meiner Umgebung den Entschluß gefaßt, die Organisation zu verlassen. Wir Gleichgesinnten hatten es relativ leicht, das ernsthafte Prüfen der WTG-Lehren wurde mit kompetenten Gesprächspartnern durchgeführt. Dabei bremsten wir uns oft gegenseitig. Es wäre auch völlig unvernünftig, aus dem WTG-Lügengespinst hinauszugehen und dann Opfer der eigenen Phantasie zu werden. Das hielten wir uns immer vor Augen, und das tun wir heute noch.

Ein häufig von ZJ vorgebrachter Einwand ist: »Ich bleibe beim kleineren Übel«. Für sie gibt es keinerlei Alternative zu ihrer Organisation. Da höre ich auch folgendes: »Die anderen Gruppen sind ja weit schlimmer als wir, dort gibt es nur falsche Lehren und unsittliche Leute. Daher bleibe ich lieber in meinem vertrauten Umfeld, wenn ich irgend einmal eine komische Ansicht lese oder höre, dann denke ich mir eben meinen Teil«. Mein Kollege in der Abteilung sagte mir: »Bedenke, wo es Menschen gibt, da menschelt es«. Was ist das doch für ein Leben »in der Wahrheit«, hier betrügen sich die Mitläufer selbst, um ja nicht aus der trügerischen Geborgenheit gerissen zu werden.

Kann es wirklich das »kleinere Übel« sein, einer Organisation anzugehören, die sich bzw. ihre Führung an die Stelle Christi setzt? Die sich in simplifizierender Weise ständig selbst beweihräuchert, alle andern aber verurteilt zur Vernichtung in Harmagedon. Die unter Mißbrauch des heiligen Gottesnamens ihre Macht etablierte und immer weiter zu entfalten sucht, nach Art der Herrscher dieser Welt, obwohl Jesus warnte: So soll es unter euch nicht sein! Die mit unbeschreiblich selbstgefälligem Moralismus so tut, als könne man durch ausgefeilte Gemeinschaftsentzüge schon in dieser Weltzeit eine reine Gemeinde schaffen. Ausgerechnet die Zugehörigkeit zu dieser Organisation soll das »kleinere Übel« sein?

Angst vor »Liebesverlust« führt zu Schuldgefühlen

Die Freiheit kostet ihren Preis. Nicht mehr »dazugehören« ist eine schmerzvolle Erfahrung. Es kommen nicht mehr Gleichgesinnte zu dir und sagen das übliche »Grüß Dich!«. Der Ausstieg ist daher mit Liebesverlust verbunden. Zur »Bruderliebe« benötigt man natürlich den passenden Bruder. Es treten nach der Befreiung einige Probleme auf, am schlimmsten die Angstgefühle. Ein junger Aussteiger mußte psychisch therapiert werden. Er träumte des Nachts von Harmagedon und sah dabei gewaltige Felstrümmer auf sich fallen. Seine Mutter, die bei den ZJ blieb, zahlte ihm die Kosten für den Psychotherapeuten.

Die Organisation Jehovas will keine mündigen Anhänger, sie will abhängige. Es gibt Erwachsene, die Jahrzehnte dabei sind und nie richtig »großjährig« werden. Da besteht ein kontinuierlicher Zustand kindlicher Abhängigkeit. Bricht jemand aus, dann zerbrechen unweigerlich auch einige Freundschaften. Die darauf folgende Einsamkeit kann quälend sein. Aber das gehört zum Entwicklungsprozeß auf dem Weg zum »Erwachsenwerden«. Erlernbar ist die Beseitigung der Angst vor Veränderungen. Dies schaffen zwar – wie ich inzwischen aus Erfahrung weiß – nicht alle Aussteiger und bleiben dann mit ihren Ängsten allein. Das ist der Grund, warum viele der Organisation »treu« bleiben, und sie bleiben gleichzeitig mit sich selbst unzufrieden. Ein guter Nährboden für psychische Probleme.

Ich merkte erst viel später, auch ich blieb nicht ganz ungeschoren vom psychischen Druck und kleinen Ängsten. In dieser Organisation wird man nicht »auferbaut«, eher »verbaut«. Vergleichsweise denke ich dabei immer an den schiefen Turm zu Pisa. Den kann man zwar mit Betonspritzen vor dem Einsturz bewahren, aber die schiefe Lage bleibt. Auch ein »altgedienter« Zeuge wird seine Vergangenheit nie völlig los. Die »Droge« zeigt Langzeitwirkung. Viele Fachleute meinen, die Aussteiger sollten »deprogrammiert« werden, da mag einiges dran sein. Viele Außenstehende fragen mich häufig, wie wird eine gottsuchende Person überhaupt derartig verbaut, um am Ende einen Psychotherapeuten zu benötigen.

Eine »christliche« Religion, die krank macht?

Wer in die Versammlungen der ZJ geht und mit ihnen in den Predigtdienst zieht, kommt ja nicht aus einem ruhigen Schlaraffenland, in dem den behaglich Schnarchenden die gebratenen Tauben sozusagen in den Mund fliegen. Auch ZJ leben mitten in unserer Leistungsgesellschaft, in der nur Tüchtige und Fleißige zu etwas kommen, alle anderen dagegen bleiben auf der Strecke. Schon in der Schule fängt es an: Kannst du was, leistest du was, so wirst du was. Wer versagt, »versaut«

sich u. U. schon hier das ganze Leben. In der Zeit der Berufs-ausbildung setzt sich das Leistungsprinzip verstärkt fort und hält bis zur Erreichung der Altersgrenze an. Längst wurde das Darwinsche biologische Prinzip der »natürlichen Auslese« und vom »Überleben des Stärkeren« auf das Gebiet des Soziologi-schen übertragen: Freie Bahn dem Tüchtigen! – Dem Versa-ger der Untergang! Kommen nun Menschen aus einer so ge-prägten Leistungsgesellschaft in die ZJ-Bewegung, potenziert sich der Streß: Zur Werktagshektik am Arbeitsplatz oder der Schule kommt die Abend- und Wochenendhektik. Die zahl-reichen wöchentlichen Zusammenkünfte müssen regelmäßig besucht werden; vor allem aber der Predigtdienst für Jehova, ohne den niemand das Ende dieses bösen Systems der Dinge überleben kann, erfordert viel Zeit und Kraft. Neben dem Dienst von Tür zu Tür ist »Straßendienst« zu leisten, Rückbe-suche und Heimbibelstudien bei interessierten Leuten stehen auf dem Wochenplan jedes einzelnen ZJ. Welcher gesunde Mensch kann solche Doppelbeanspruchung – durch die welt-liche und theokratische Leistungsgesellschaft – auf die Dauer durchhalten, ohne schwere psychische Schäden davonzutra-gen? Wieviel mehr kommen Menschen mit labiler psychischer Konstitution durch solchen Mehrfachstreß an den Rand des Nervenzusammenbruchs! Außenstehende äußern gelegentlich den Gedanken, Jehovas Zeugen seien wohl ausschließlich auf Erfüllung ihrer religiösen Pflichten bedacht, während sie ihre irdischen Aufgaben vernachlässigen. Gerade das sollen sie nach offizieller Lehre nicht. Zwar wird die weltliche Arbeit gegen-über der theokratischen auf den zweiten Platz gerückt, doch werden sie ermahnt, auch diese so gewissenhaft wahrzuneh-men, als wäre sie für Jehova getan.

Der Neuling, der diese Organisation ja nur aus deren Selbst-darstellung und von ihrer »Schokoladenseite« her kennt, mag es tatsächlich noch als Glück empfinden, ZJ zu sein. Je länger Menschen jedoch dabei sind, desto mehr leiden sie unter die-ser Täuschung, unter der Nichtübereinstimmung mit dem, was man ihnen vor Augen gemalt hat. Auf der einen Seite stehen ungezählte Vorträge, Gespräche und illustrierte paradiesische

Bilder der WT-Schriften und auf der anderen Seite die rauhe Wirklichkeit. ZJ reagieren ganz unterschiedlich auf diese »Ent-Täuschung«. Genaugenommen muß ein ZJ in doppelter Hinsicht mit der Kluft zwischen Anspruch und Wirklichkeit leben: einmal in bezug auf die Organisation, dann aber auch im Hinblick auf sich selbst als Person. In bezug auf die Organisation: In ungezählten Vorträgen und Artikeln der Zeitschriften hat man sie zum »geistigen Paradies« hochgejubelt – völlig im Widerspruch zum real existierenden Organisationsbetrieb mit seinen stereotypen Zusammenkünften, den routinemäßigen Schulungsvorkehrungen und dem ständigen Wiederkäuen längst bekannter WT-Auslegungen. Der Vergleich mit dem unseligen »Arbeiter- und Bauernparadies«, der einstigen DDR, drängt sich hier wiederum auf. Dieses System sollte allem weit überlegen sein, was je ein Land seinen Bürgern an sozialer Gerechtigkeit, Gleichheit und Freiheit zu bieten hatte. Dem standen jedoch der graue Alltag und die grausam harte Wirklichkeit des damals »real existierenden Sozialismus« entgegen. Das Leben und Leiden unter diesem Widerspruch zwischen Anspruch und Wirklichkeit hat dort – wie uns erst nach der Wende klargeworden ist – viele Menschen physisch und psychisch ungeheuer belastet. Sollte es sich unter ZJ anders auswirken, wenn die Wirklichkeit alle Ansprüche und Beteuerungen widerlegt? Da wirkt es wie Hohn, wenn gegen diesen für jedermann erkennbaren Widerspruch das alte ideologische Geschütz aufgefahren wird. In der Ex-DDR beteuerte man mit flotten Sprüchen: Wir folgen doch der reinen Lehre von Marx und Lenin. Bei den ZJ: Wir folgen doch der reinen Lehre der Bibel. Im WT-Originalton 1990: »Wir legen (...) die reine, unverfälschte Wahrheit der Bibel dar und bringen so einen lieblichen Wohlgeruch hervor, der für Gott (...) annehmbar ist«.

Wie der »Sozialismus« den neuen – d.h. zugleich den besseren – Menschen zu schaffen versprach, so redet auch der »WT-ismus« den ZJ ständig ein, sie seien im Vergleich zu den Leuten dieses alten bösen Systems die besseren Menschen, auf jeden Fall die »reinen, moralisch einwandfreien (...)«. Ich zitiere nochmals einen Satz aus dem WT:

Diejenigen, die Jehova als Glieder seiner irdischen Organisation lobpreisen, sind reine, moralisch einwandfreie, gottergebene Menschen – in der Tat sehr begehrenswert (WT, 15.5.1988, S. 16).

Muß ein ZJ, der sich trotz aller WT-Indoktrination noch intellektuelle Redlichkeit und Ehrlichkeit bewahrt hat, diese Sätze nicht als geistige Hochstapelei empfinden? Wo ist auch nur ein einziger Mensch – auch unter ZJ – der rein und moralisch einwandfrei wäre? Die WTG lädt mit der Pauschalbeschreibung der ZJ als »rein« und »moralisch einwandfrei« diesen Menschen eine Bürde auf, die sie nie zu tragen, einen moralischen Anspruch, den sie nie zu erfüllen, eine Eliteillusion, der sie nie zu entsprechen vermögen. Zwischen Forderung und Realisierung klaffen Abgründe, angesichts derer die einen in die Selbstlüge oder Heuchelei flüchten, die anderen aber der Depression verfallen. Dieser Gegensatz zwischen Anspruch und Wirklichkeit und der daraus geborenen *Angst*, im Gottesgericht von Harmagedon vernichtet zu werden, erzeugt – über alles bisher Angeführte hinaus und zusätzlich zu allem anderen! – einen unerhörten psychischen Druck und damit einen negativen Streß, an dem sich die Seelen wund reiben. Es ist wie beim Hochsprung: Wer die Meßlatte zu hoch legt, bringt den Springer zu Fall!

Somit braucht niemand erstaunt zu sein, daß im vielgepriesenen geistigen Paradies der ZJ so viele an Depressionen, Neurosen und anderen psychischen Leiden erkranken. Manche flüchten in den Alkohol. Ich wundere mich nach allem, was immer mehr ans Licht kommt, daß es überhaupt noch psychisch gesunde ZJ gibt.

Unterstützung durch Leidensgenossen

Nun begann für meine Familie und andere Aussteiger die Zeit der Neuorientierung. Mit der naheliegenden Überlegung einer Rückkehr zur Kirche oder irgendeiner der zahlreichen Freikirchen und Gemeinschaften hatten wir große Mühe. Zu lange wurden wir vor solchen gewarnt, manche wurden auch regelrecht verteufelt. Dieses Denkschema ist bei Aussteigern fest verwurzelt. Daher blieben wir allen kleinen und großen »Übeln« fern. Nur keine neue feste Bindung eingehen, redeten wir uns ständig ein. Diese Einstellung verursacht aber auch Probleme. Die Schlußfolgerung »ich muß wo dabeisein« geschieht häufig aus der heutigen Sicht. Was haben denn Christen vor 1000 Jahren gemacht? Die zahlreichen evangelischen Kirchen und Freikirchen existierten noch nicht. Viele Neuzeitchristen schaudern bei dem Gedanken, sie hätten vor mehr als 500 Jahren eigentlich nur die Möglichkeit gehabt, Gemeinschaft in Verbindung mit der katholischen Kirche zu pflegen. War es anders möglich? Vielleicht trafen sich die Gläubigen in kleinen Zirkeln. Einen »Hauskreis« im heutigen Sinn kann man sich schwer vorstellen. Immer wieder gingen uns alle diese Überlegungen durch den Sinn. Hatte Jesus nicht gesagt: »Ich bin bei euch alle Tage bis zur Vollendung des Zeitalters« (Mt 28,20)? War er vor 1000 Jahren also auch bei den Gläubigen der katholischen Kirche? Das würde ein Zeuge verneinen, um sich anschließend in Hypothesen zu verlieren.

Nach unserem endgültigen Bruch mit der WTG besuchte uns ein ZJ-Ehepaar aus Tübingen. Auch sie wollten nicht länger die Märchen des Sklaven schlucken. Bei dieser Gelegenheit brachten sie Schriften vom »Bruderdienst« mit, in denen besonders die ZJ und ihre Organisation kritisch beleuchtet werden. Als ich die Artikel durchlas, fand ich die Antwort auf die Fragen, die auch uns bewegten. Deshalb nahm ich Kontakt mit dem Herausgeber auf.

Aus diesem Briefwechsel entstand dann für mich eine enge Zusammenarbeit mit diesem gläubigen Bruder.

Die anfänglichen Gefühle der Vereinsamung fanden ein schnelles Ende. Seit einigen Jahren treffen Ex-ZJ einander. Wir bezeichnen diese Begegnungen scherzend mit »unsere Kongresse«. Dort können wir uns aussprechen – und wenn es sein muß – auch ausweinen. Sprechen wir doch die gleiche Sprache. Wir bezeichneten dieses Zusammentreffen anfänglich als »Selbsthilfegruppe«, ein Bruder meinte, es wäre besser, diese als »Gotthilfegruppe« zu bezeichnen. Denn nur die Hilfe von oben zählt wirklich.

Etliche Fragen und Überlegungen, die uns bedrängten, brachten wir zu Papier. Manches davon ist in den Heften »Brücke zum Menschen« erschienen. Eines der größten Probleme, das Aussteiger »umtreibt«, ist dies: Wie kann ich etwas *tun* für Gott? Gibt es die Möglichkeit, außerhalb der ZJ-Organisation für Jesus Christus »Zeugnis zu geben«? Oder ist dazu nicht *jeder* Christ berufen? Lehrt die Bibel, alle Christen seien verpflichtet, von Haus zu Haus zu gehen, um zu predigen und Schriften zu verbreiten? Wo nur kann man außerhalb der Organisation »Zeugnis geben«? Diese Denkweise veranlaßte ursprünglich meinen Chef, ein Buch zu schreiben. Später entdeckten wir, wie sehr wir noch immer Opfer der WT-Einflüsterungen waren.

Vereint hinüberleben?

Vereint bleiben, um in das Millennium hinüberzuleben: Nur Jehovas Zeugen – die Glieder des gesalbten Überrests und die »große Volksmenge« – haben als vereinte Organisation unter dem Schutz des höchsten Organisators die biblische Hoffnung, das nahe bevorstehende Ende des zum Untergang verurteilten, von Satan, dem Teufel, beherrschten Systems zu überleben. (WT, 1.9.1989, S. 19)

Der Wachtturm behauptet das, und die Abhängigen glauben es. Wie schon gezeigt, bringen ZJ die Überlebensfrage eng mit ihrer Predigttätigkeit in Zusammenhang. Es handelt sich um eine »Organisation von Predigern und Lehrern«, behauptet der WT, 1.12.1975, S. 717. Jeder Gläubige sei nach dem Neuen Testament zugleich ein ordinierter Prediger, und darum ist das bei den ZJ heute auch so. Stimmt das wirklich? Haben alle Christen die gleiche Aufgabe – haben alle zu predigen – und garantiert diese Tätigkeit gleichzeitig das Hinüberleben in eine bessere Welt?

Wie immer ZJ es halten mögen, in den frühen christlichen Gemeinden war das Predigen und Lehren nur bestimmten (ausgewählten) Personen vorbehalten. Das Neue Testament zeigt, und das ist auch in der NW-Ü. so nachzulesen: »(...) er (Christus) gab einige als Apostel, einige als Propheten, *einige* als Evangelisten, *einige* als Hirten und Lehrer« (Eph 4,11). Kein Zweifel: Nur *einige* hatten ein Predigt- und Lehramt, nicht jeder! Und vor allem: Niemals hatten alle das gleiche Amt. Gegen jede Art von Gleichschaltung wendet sich der Apostel Paulus mit den Worten: »(...) Sind etwa alle Apostel? alle Propheten? alle Lehrer? haben alle Wunderkräfte?« (1 Kor 12,28.29). Diese klaren Aussagen müßten an sich genügen, um zu beweisen, daß es in den frühchristlichen Gemeinden eine Vielzahl verschiedener Ämter und Gaben gegeben hat und daher die Behauptung falsch ist, das Predigen und Lehren fiele allen Christen sozusagen als Einheitsaufgabe zu.

Als Gegenargument verweist man gern auf den Missions- und Taufbefehl des auferstandenen Christus: »Geht daher hin und macht Jünger (...), indem ihr sie im Namen des Vaters und des Sohnes und des heiligen Geistes tauft und sie lehrt, alles zu halten, was ich euch geboten habe.« (Mt 28,19f.) Dieser Auftrag ist nicht der Gemeinde als Ganzes gegeben, sondern, wie der Zusammenhang zeigt, den »elf Jüngern«, den Aposteln. Wenn aber das Taufen nicht Aufgabe aller, sondern Sache der Apostel und der von ihnen später berufenen Personen war, dann aber auch das mit dem Taufbefehl verbundene »Lehren« und Predigen. Ein Blick in die Apostelgeschichte zeigt, wie sehr das Werden und Wachsen der frühen Kirche ein Werk des erhöhten Christus durch seine *Apostel* und deren engere Mitarbeiter gewesen ist. Nicht umsonst lautet der ursprüngliche Name der Apostelgeschichte »Acta« d.h. »Die Taten« (der Apostel). Wohl ist dann auch die Rede von den Wirkungen der apostolischen Predigt: Da kamen Menschen zum Glauben an Jesus, manchmal in großer Zahl. Von ihnen ist manches zu berichten: »Sie blieben beständig in der Apostel-Lehre, in der Gemeinschaft, beim Brotbrechen und im Gebet.« (Apg 2,42). Auch ist von ihnen gesagt, daß sie sich »täglich im Tempel versammelten« und »hin und her in den Häusern das Brot brachen« (Apg 2,46). Nirgends aber heißt es, daß die Apostel sie ausgesandt hätten, öffentlich zu predigen! Wenn die ZJ meinen, damals hätten alle gepredigt, würde es dann nicht in diesem Zusammenhang mit erwähnt worden sein? Statt dessen berichtet die Apg. weiterhin Seite für Seite von der Verkündigung der Apostel und ihrer Mitarbeiter. So bekennt Paulus einmal beim Abschied von einer Gemeinde in einem »Rechenschaftsbericht«, er habe nicht versäumt, zu lehren und zu predigen »öffentlich und in den Häusern« (Apg 20,20).

Seht, sagen die Zeugen, zumindest er ging also auch – wie wir heute – von Haus zu Haus, um zu predigen. »Von Haus zu Haus« steht aber gar nicht da, sondern »öffentlich und in den Häusern«, d.h. doch, er predigte sowohl in öffentlichen Bereichen (im Tempel, auf Märkten und Plätzen), als auch in Privathäusern. Dennoch macht die NW-Übersetzung, die Bibel der ZJ, daraus ein »von Haus zu Haus«, weil es ihren Urhebern als zweckmäßig erscheint. Müßten sie aber dann nicht konsequenterweise auch Apg 2,46 (»Sie brachen das Brot hin und her in den Häusern«) so übersetzen: »Sie brachen das Brot von Haus zu Haus«? Warum tun sie's hier nicht? Daß die frühen Christen das Abendmahl oder ein Liebesmahl oder einfach das »tägliche Brot« (je nachdem, wie man das ›Brotbrechen‹ deutet) von Haus zu Haus »eingenommen« hätten, will auch ihnen nicht einleuchten. Daher übersetzen sie hier plötzlich: »(...) in Privathäusern«. Was sie hier tun, hätten sie auch dort tun müssen. Jedenfalls: Für ein organisiertes Predigen aller Gläubigen läßt sich aus dem Neuen Testament kein Auftrag herleiten, schon gar nicht für das Predigen von Haus zu Haus. Auch der Rückgriff auf Jesu eigenes Wirken und auf die Aussendung seiner zwölf Jünger und später der siebzig (Lk 8ff.) kann dies nicht bringen. Nirgendwo ist gesagt, daß es sich um ein »Von-Haus-zu-Haus-Gehen« nach heutiger Hausiererart gehandelt habe. Das hatte Jesus selbst gar nicht nötig, wenn er »Stadt und Dorf durchzog«. Wenn er kam, dann lief: »...das Volk herzu, und es kamen etliche Tausend zusammen.« Wozu sollte er sie da überhaupt noch von Tür zu Tür aufsuchen? Den siebzig Jüngern hatte Jesus sogar den ausdrücklichen Auftrag gegeben: »Ihr sollt nicht von einem Haus zum andern gehen.« (Lk 10,7). Für das von den ZJ behauptete »Von-Tür-zu-Tür-Gehen« fehlt im Neuen Testament jede Spur.

Etwas ganz anderes ist die Bereitschaft zum persönlichen Zeugnis. Die frühe Kirchengeschichte weiß zu berichten, daß das Christentum häufig durch das persönliche Bekenntnis zu Jesus aus dem Munde schlichter gläubiger Männer und Frauen von Stadt zu Stadt und von Land zu Land getragen wurde. Kleine Händler und reiche Kaufleute, aber auch um ihres Glaubens willen Verfolgte, wurden auf diese Weise zu Missionaren. Wenn die Apostelgeschichte erzählt: die durch Verfolgung zerstreuten Gläubigen zogen umher und predigten das Wort (Apg 8, 4.11.19), so dürfte es sich dabei um ein solches spontanes persönliches Christuszeugnis handeln, bei dem ausgesprochen wurde, wovon das Herz voll war.

Der Apostel Paulus hat in Röm 10 die bekannten Worte gesagt: »Wer mit dem Herzen glaubt, der ist gerecht, und wer mit dem Munde bekennt, der wird errettet.« Das unorganisierte persönliche Zeugnis eines schlichten Gläubigen – diese »Wohltat der Unabsichtlichkeit« – ist bis heute viel überzeugender als manch ausgefeilte Predigt, die in der »Predigtdienstschule« eingelernt wird. Wenn Paulus auch davon spricht, daß Christen »leuchten wie Lichter in der Welt«, so ist dabei nicht allein an das *mündliche* Zeugnisgeben gedacht, sondern an unser Wirken durch unser ganzes Sein. Wichtig ist nicht nur, *daß* gepredigt wird, sondern auch, *was* wir predigen!

Ausstiegsschwierigkeiten

Inzwischen hatte auch Richard mit seiner Familie die Organisation freiwillig verlassen. Er ließ alle »Ermunterer« schon an der Haustüre abblitzen. Ihn störten ebenfalls die seltsamen Bibelauslegungen und die Vorschriften der WTG. Als Beispiel zeigte er mir zwei »Leserfragen« im WT. Es ging dabei um die Frage, ob eine Organtransplantation zulässig sei. Vor einigen Jahren wurde diese Frage noch positiv beantwortet und sogar mit aktiver Nächstenliebe in Verbindung gebracht. Die gleiche Frage wurde im WT nochmals gestellt, diesmal befanden die

Hüter über das Wohl der »Schafe«, daß dies eine Form des »Kannibalismus« und daher abzulehnen sei.

Oft ist es nur ein kleiner Anstoß, und ganze Familien fliehen aus der WTG. Leider führt es auch zu schmerzlichen Trennungen innerhalb einer Familie, wenn ein Teil bei den ZJ bleibt, der andere weggeht. Das wird »geteiltes Haus« genannt. Da wird dann der WTG-treue Partner bedauert, dem Aussteiger verpassen sie das Schandmal der Abtrünnigkeit. Die dafür genannten Motive sind unterschiedlich, meist unlautere. In meiner Heimatversammlung wurde mein Ausschluß öffentlich bekanntgemacht, die kuriose Begründung: ich sei ein »falscher Prophet«! Obwohl ich nie etwas prophezeite. Auch dieses unchristliche Verhalten ist alt und verwerflich, es ist als die »Haltet den Dieb!«-Methode bekannt. All das ärgerte mich anfänglich, schließlich war es nur eine Bestätigung, wie berechtigt doch mein Exodus aus dieser Organisation war.

Heute habe ich den Eindruck, daß die WTG mit dem Austeilen der »Eselstritte« sparsamer umgeht. Das ist oft zum Nachteil der Zweifler in ihren Reihen. Es wird für diese oft zum Schrecken ohne Ende. Sie schleppen sich weiterhin zu den Zusammenkünften und schütteln dort heimlich ihren Kopf oder ballen die Faust in der Hosentasche. Sie kommen nicht los, weil sie eben anderswo keine Alternative sehen. Oft beginnen dann bei sensiblen Personen die Schuldgefühle und sie enden womöglich in der Nervenklinik oder gar im Selbstmord. Dabei wurde festgestellt, daß besonders Personen betroffen sind, die starken inneren Anteil an dieser Gemeinschaft haben. Kinder, die darin groß wurden, jedoch innerlich keine strenge Bindung aufbauten, gehen meist ohne psychische Probleme weg. Im Gegenteil, sie fühlen sich dann wie von einer Last befreit.

Nun ein Appell an Außenstehende, die vielleicht Verwandte oder Freunde in dieser Organisation haben: Es ist zwecklos, oft sogar schädlich, mit ungeeigneten Mitteln helfen zu wollen. Der Aussteiger sucht primär nach einer Alternativgruppe, am liebsten wäre ihm eine, die 1 : 1 der gewohnten Organisation entspricht, mit allen »richtigen« Lehren und netten Leuten, jedoch ohne den WT-Unsinnigkeiten, sowie den strengen Vorschriften.

Seit einigen Jahren lade ich Zweifler in den deutschen Schwarzwald zu einer »Begegnung« ein. Dort wird auf die Hauptperson des christlichen Glaubens verwiesen, auf Jesus Christus! Keine Gemeinschaft, keine Organisation, kein Kult, niemand hat das Recht, ihm diese Stellung streitig zu machen! Als »gebrannte Kinder« stehen wir auch liberalen Gruppen ziemlich mißtrauisch gegenüber. Wer auf dem Herzen ein Brandmal hat, meidet das Feuer, zugegebenermaßen geschieht dies auch in übertriebener Weise.

Tips eines kritischen Zeugen Jehovas

Zu den erwähnten Schwarzwaldtreffen kommt seit wenigen Jahren ein Bruder. Er besucht noch immer die ZJ-Versammlungen. Trotz aller Zweifel an der WTG will er den Kontakt zu den Verwandten und Freunden nicht abrupt abbrechen. Er hat Erfahrungen, u.a. auch als Ältester, von mehr als 50 Jahren. Einige seiner Anregungen und Überlegungen, die ich als Brief erhielt:

Wenn ein Familienglied oder Freund sich Jehovas Zeugen nähert, dann reagieren die Angehörigen und Freunde in aller Regel falsch. Sie bemerken, daß sich der Umworbene verhaltensmäßig verändert hat, verschlossen wird und verheimlicht, was ihn nun bewegt. Die Angehörigen reagieren mit Sorge und Entsetzen. Es gibt Vorwürfe und Vorhaltungen, Versuche zur Aufklärung über diese schlimme ›Sekte‹. Es werden Ultimaten gestellt und Drohungen geäußert. Solche unüberlegten, oft instinktiven Reaktionen, unterstützen ungewollt die Ziele der Organisation. Die Anwärter sind rechtzeitig darauf vorbereitet worden. Geduld und Liebe sind erforderlich, der Betroffene soll fühlen, daß er nach wie vor geachtet, geschätzt und geliebt wird. Man sollte die Hoffnung auf einen künftigen Ausstieg nie aufgeben.

Das ehemalige Mitglied der Mun-Sekte, Steven Hassan, nennt dazu drei Punkte: 1. guten Kontakt und Vertrauen aufbauen, 2. Informationen sammeln, 3. Zweifel über die Sekte säen und die Entstehung einer neuen Perspektive fördern. Da-

*nach kann das Problem der Durchbrechung der Bewußtseins-
und Gedankenkontrolle, den vorgegebenen Denkschemata, an-
gegangen werden. Nach langjähriger Zugehörigkeit verfliegt
bei Sektenanhängern oft die erste Begeisterung. So manche
Enttäuschung hat sich eingestellt, der Machtanspruch und
-mißbrauch, werden durchschaut. Dann wird nach Hilfe ge-
sucht. Folgende Reaktion wäre völlig falsch: »Ich habe dich
doch immer vor dieser gefährlichen Sekte gewarnt!«. (...)*

*Sinnvoller wäre ein Gespräch über die Unstimmigkeiten in
der Selbstdarstellung und Lehre der ZJ und ein Nachdenken
über den Sinn der Kontrollmechanismen und ethischer Vorschriften.*

*Ein Gesprächsvorschlag: Lehränderungen der ZJ, zahlreich
und von schwerwiegenden Auswirkungen, werden immer mit dem
»neuen Licht« erklärt. Dabei stützen sie sich auf einen Text in
Sprüche 4,18. Wenn man diesen Text jedoch mit Vers 19 im Zusammenhang liest, dann sieht man ohne Schwierigkeit, daß hier
ein Gerechter einem Gesetzlosen gegenübergestellt wird. Von
Lehränderungen wird jedoch in keiner Weise gesprochen. Die
vielen Änderungen machen oft die vorherigen Standpunkte und
Lehren der WTG hinfällig. Sie werden nicht selten ins Gegenteil
verkehrt. Ist so etwas ein »neues Licht«? Wer war dann verant-
wortlich für das »alte – falsche – Licht«? Kommt das von einem
Gott, bei dem es keine Veränderungen gibt? Darf dieses »Licht«
hinterfragt und geprüft werden, oder ist dann die Einheit in
Gefahr? Warum die große Angst, wenn man doch »die Wahrheit« hat? Muß Wahrheit das Licht scheuen?*

*Bis vor wenigen Jahren sollten ZJ weder Bücher von »Ehema-
ligen«, den Abtrünnigen, lesen, noch deren Vorträge besuchen.
Begründet auf den Text in 2 Joh 9-11, wurde dies als geistige
Gemeinschaft mit den betreffenden Personen angesehen. Wenn
dem so ist, wieso kann die WTG jetzt Sondererlaubnisse für
Mitglieder des »Informationsdienstes« ausstellen? Diese dürfen nun solche Veranstaltungen besuchen und sich Ansprachen
anhören. Gibt es vielleicht dazu irgend eine neue Anweisung
Gottes?*

Was geschieht eigentlich mit Menschen, die jahrelang, vielleicht sogar bis zu ihrem Tod, glaubten, was sich heute als »altes Licht« erwiesen hat? ZJ machen auf Irrtümer bei anderen Gruppen immer aufmerksam und erklären, diese seien in der falschen Religion. Wie steht es da mit dem gleichen Maßstab, auf den Jesus unmißverständlich hinwies? (Mt 7,2).
Ich bin bereit, Hilfesuchenden zur Verfügung zu stehen, oder versuche Hilfe zu vermitteln.

Den Aussagen dieses Briefes kann ich mich nur anschließen. Es wäre wünschenswert, wenn viele Menschen sich gut über die ZJ informieren, um gegen ihre Indoktrination gewappnet zu sein.

ZJ-Zweiflern möchte ich Mut machen, den Kontakt zu Gleichgesinnten zu suchen und über den Tellerrand der angeblichen »Wahrheiten« hinauszuschauen.

Meine Geschichte und die vieler anderer Aussteiger zeigen zum Glück, daß das eigene kritische Denken und die Unterstützung von wahren Freunden zur Freiheit führen können.

Literaturhinweise

Algermissen, Konrad: Konfessionskunde, 7. Aufl. 1957, 853-863.

Bergmann, Jerry R.: Jehovas Zeugen und das Problem der seelischen Gesundheit, 1994.

Cole, Marly: Jehovas Zeugen. Geschichte und Organisation einer Religionsbewegung, 1956.

Die Religion in Geschichte und Gegenwart VI, 3. Aufl. 1903-1906.

Doyon, Josy: Hirten ohne Erbarmen. Zehn Jahre Zeugin Jehovas – Der Bericht eines Irrweges, 2. Aufl. 1979.

Evangelisches Kirchenlexikon II, 250-253.

Franz, Raymond: Der Gewissenskonflikt, 1988.

Ders.: Auf der Suche nach christlicher Freiheit, 1997 (auf CD-Rom).

Gebhard, Manfred: Die Zeugen Jehovas. Eine Dokumentation über die Wachtturmgesellschaft, 1970.

Greschat, Hans-Jürgen: Kitawala. Ursprung, Ausbreitung und Religion der Wachttower-Movement in Zentralafrika, 1967.

Haack, Friedrich-W.: Jehovas Zeugen, 14. Aufl. 1992.

Hauth, Rüdiger: Kleiner Sektenkatechismus, 1992, 74-113.

Hellmund, Dietrich: Geschichte der Zeugen Jehovas (in der Zeit von 1870 bis 1920), mit einem Anhang: Geschichte der Zeugen Jehovas in Deutschland (bis 1970), Diss. 1972.

Hutten, Kurt: Seher Grübler Enthusiasten, 12. Aufl. 1982, 80-134.

Jonson, Carl Olf: Die Zeiten der Nationen näher betrachtet, 1992.

Köppl, Elmar: Die Zeugen Jehovas – Eine psychologische Analyse, 1985.

Ders.: Die Zeugen Jehovas – Eine psychologische Studie, 1990.

Knaut, Horst: Propheten der Angst, 1975.

Nobel, Rolf: Falschspieler Gottes – Die Wahrheit über Jehovas Zeugen, 1985.

Obst, Helmut: Apostel und Propheten der Neuzeit, 2. Aufl. 1981, 237-276.

Pape, Günther. Ich war Zeuge Jehovas, 5. Aufl. 1978.

Ders.: Die Wahrheit über Jehovas Zeugen, 1970.

Ders.: Ich war Zeuge Jehovas, 1993.

Raquet, Sigrid: Keine Angst vor Zeugen Jehovas, 1998.

Rausch Ulrich / Kaiser, Eva Marie: Die Zeugen Jehovas – Ein Sektenreport, 1998.

Rogerson, Alan: Viele von uns werden niemals sterben – Geschichte und Geheimnis der Zeugen Jehovas, 1971.

Schnell, William: Falsche Zeugen stehen wider mich, 1969.

Süßkind, Eckhard von: Zeugen Jehovas. Anspruch und Wirklichkeit der Wacht-
turm-Gesellschaft, 1985.

Twisselmann, Hans Jürgen: Vom "Zeugen Jehovas" zum Zeugen Jesu Christi, 8. Aufl. 1987.

Ders.: Die Wahrheit, die frei macht. Zum Thema "Jehovas Zeugen", 1985.

Ders.: Der Sekten – Konzern – Der Wachtturmkonzern der Zeugen Jehovas,
1995.

Ders.: Die Zeugen Jehovas, 1991.

Ders.: Jehovas Zeugen – die Wahrheit, die frei macht, 1992.

Wass, Barbara: Leben in der Wahrheit – 12 Jahre Zeugin Jehovas, 1989.

Ders.: Wenn Religion zur Waffe wird, 1993.

Weber, Herbert / Valentin, Friederike: Die Zeugen Jehovas. Zwischen Bewunderung und Befremdung, 1996.

Weis, Christian: Zeugen Jehovas – Zeugen Gottes? 1985.

Wunderlich, Gerd: Die Paradiesverkäufer. Erfahrungen auf einem Irrweg,
2. Aufl. 1985.

Adressen von Selbsthilfegruppen

Deutschland

Bruderdienst Missionsverlag e.V.
Postfach
25764 Wesselburgen

Evangelische Stelle für Weltanschauungsfragen
Augustusstraße 2
10117 Berlin

Zentralstelle Pastoral der deutschen Bischofskonferenz
Hans Gasper
Kaiserstraße 163
53113 Bonn

Österreich

Bruderdienst
Gerd Borchers-Schreiber
Postfach 40
A-2362 Biedermannsdorf

Referat für Weltanschauungsfragen der Erzdiözese Wien
Dr. Friederike Valentin
Stephansplatz 6
A-1010 Wien

Sektenreferat der
Evangelischen Kirche Österreich
Pfarrer Mag. Johannes Spitzer
Rudolf Kattnigg-Straße 10/8
A-9500 Villach

Sektenreferat der evangelischen Diözese Wien
Pfarrer Mag. Sepp Lagger
Thaliastraße 156
A-1160 Wien

Schweiz

Ev. Orientierungsstelle
Pfarrer Dr. Georg Schmid
Im Städtli 79
CH-8606 Greifensee

Ökumenische Arbeitsgruppe
»Neue geistliche Bewegungen in der Schweiz«
Kaplan Joachim Müller
Wiesenstraße 2
CH-9436 Balgach